FRIEDRICH NIETZSCHE

GEDICHTE

MIT EINEM NACHWORT
HERAUSGEGEBEN VON
JOST HERMAND

PHILIPP RECLAM JUN. STUTTGART

Umschlagabbildung: Friedrich Nietzsche. Zeichnung nach
einem Foto aus dem Jahre 1882.

Universal-Bibliothek Nr. 7117
Alle Rechte vorbehalten
© 1964 Philipp Reclam jun. GmbH & Co., Stuttgart
Gesamtherstellung: Reclam, Ditzingen. Printed in Germany 1999
RECLAM und UNIVERSAL-BIBLIOTHEK sind eingetragene Marken
der Philipp Reclam jun. GmbH & Co., Stuttgart
ISBN 3-15-007117-8

JUGENDGEDICHTE
(1858–1868)

Ein Spiegel ist das Leben.
In ihm *sich* zu erkennen,
Möcht ich das erste nennen,
Wonach wir nur auch streben.!!

Zum Geburtstag

Wo die Natur die schönsten Gaben streue
Wo Wald und Berg der Musen Aufenthalt
Wo stets der Himmel mit azurner Bläue
Auf immer grüne Auen niederstrahlt
Wo jeder Tag und jede Stund aufs neue
Des Herren segensreiche Allgewalt
Des ewgen Vaters liebevolle Treue
Ja sein Bild selbst uns unvergänglich malt.
So tönt auch heut ein froher Lobgesang
Empor zum Herren über Tod und Leben
Daß er Dir – ewig sei ihm Preis und Dank
Ein neues Jahr durch seine Huld gegeben.
Mög reicher Segen Dir in ihm erblühen
Und aus des Februares düstrer Nacht
Erhebe sich das Jahr Dir, wie aus Morgenglühen
Die Sonne steigt in wonnevoller Pracht. –

Auf nackter Felsenklippe steh ich
Und mich umhüllt der Nacht Gewand
Von dieser kahlen Höhe seh ich
Hienieder auf ein blühend Land.
Einen Adler seh ich schweben
Und mit jugendlichen Mut
Nach den goldnen Strahlen streben
Steigen in die ewge Glut.

O süßer Waldesfrieden
Erheb mein banges Herz
Das keine Ruh hienieden
Zur Höhe himmelwärts.
Ich werfe mich ins grüne Gras
Und von der Tränen Quelle
Wird's Auge trüb, die Wange naß
Die Seele rein und helle.
Die Zweige senken sich herab
Umhülln mit ihren Schatten
Den Kranken, Lebensmatten
Gleich einem stillen Grab

Im grünen Walde möcht ich sterben
Nein! Nein; weg mit den herben
Gedanken! Denn im grünen Wald
Wo lustig Vogelsang erschallt
Wo Eichen ihre Häupter schütteln
Da mag wobald
Manch höhre G'walt
An deinem Sarge rütteln
Da kommt der Seelenfrieden
Zu deinen Grab gegangen

Durch ihn kannst du hienieden
Nur *wahre* Ruh erlangen

Die Wolken die in goldnen Bogen
Dich weiß wie Schnee dich rings umzogen
Sie ballen sich im Zorn zusammen
Und senden ihrer Blitze Flammen
Hernieder und der Himmel weint
Daß in der lieben Frühlingszeit
Wo lauten Jubel weit und breit
Er einzig nur zu finden meint
Sich einer nach dem Tode sehne
Und auf dich fällt manch bittre Träne
Und du erwachst
Stehst auf und siehst dich um und lachst

Was lebet muß vergehen:
Die Rose muß verwehen,
Willst du sie einstmals sehen
In Wonne auferstehen! –

Das milde Abendläuten
Hallet über das Feld.
Das will mir recht bedeuten,
Daß doch auf dieser Welt
Heimat und Heimatsglück
Wohl keiner je gefunden:
Der Erde kaum entwunden,
Kehrn wir zur Erde zurück. –

Wenn so die Glocken hallen,
Geht es mir durch den Sinn,
Daß wir noch alle wallen
Zur ewgen Heimat hin.
Selig wer allezeit
Der Erde sich entringet
Und Heimatslieder singet
Von jener Seligkeit!

Heimkehr

Das war ein Tag der Schmerzen,
Als ich einst Abschied nahm;
Noch bänger war's dem Herzen,
Als ich nun wiederkam.
Der ganzen Wandrung Hoffen
Vernichtet mit einem Schlag!
O unglückselge Stunde!
O unheilvoller Tag!

Ich habe viel geweinet
Auf meines Vaters Grab
Und manche bittre Träne
Fiel auf die Gruft herab.
Mir ward so öd und traurig
Im teurem Vaterhaus
So daß ich oft bin gangen
Zum düstern Wald hinaus. –

In seinen Schattenräumen
Vergaß ich allen Schmerz
Es kam in stillen Träumen
Der Friede in mein Herz.

Der Jugend Blütenwonne
Rosen und Lerchenschlag
Erschien mir wenn ich schlummernd
Im Schatten der Eichen lag.

Ihr Vöglein in den Lüften
Schwingt mit Gesang euch fort
Und grüßet mir den teuren,
Den lieben Heimatsort.

Ihr Lerchen, nehmt die Blüten,
Die zarten mit hinaus!
Ich schmückte sie zur Zierde
Fürs teure Vaterhaus.

Du Nachtigall, o schwinge
Dich doch zu mir herab,
Und nimm die Rosenknospe
Auf meines Vaters Grab!

Sage mir, teurer Freund, warum du so lang nicht geschrieben?
  Immer hab ich geharrt, Tage und Stunden gezählt.
Denn ein gar süßer Trost ist ein Brief vom Freunde entsendet,
  So wie ein sprudelnder Quell durstige Wandrer erquickt.
Viel auch ist mir wert die Kunde von deinem Befinden:
  Habe auch ich doch einst ähnliche Wege gewallt,
Habe so Freud wie Leid mit dir zusammen genossen,
  Und in Freundesverein wurde das Schwerste uns leicht.

Freilich weiß ich recht wohl: Schuljahre sind schwierige Jahre,
  Nie wird jegliche Last, Mühe und Arbeit gescheut.
Oft auch möchte die Seele sich los von den hemmenden Fesseln
  Reißen, in Einsamkeit flüchten das fühlende Herz;
Aber auch diesen Druck erleichtert die treuliche Freundschaft,
  Die sich stets voll Trost, voll von Erhebung uns naht.
Unter Freunden ist nichts, was der eine dem andern verbürge;
  Alles teilen sie sich mit im vertrauten Gespräch.
Ist auch der eine entfernt, die Liebe durchsegelt die Lüfte,
  Und in Gestalt eines Briefs naht sie dem einsamen Freund.
Teurer! Bald nahet der Tag wo auch wir uns wieder erblicken,
  Und des trauten Gesprächs lang schon entbehrten uns freun.
Aber nur kurz ist die Freud! Denn bald enteil ich von neuem,
  Nicht nach Pforta zurück, wo nur die Strenge regiert,
Nicht nach dem Fichtelgebirg dem düsteren, nein, in die Heimat!
  Ach wohl zum letzten Mal grüß ich den teuersten Ort!
Doch – die Entfernung hemmt nicht der Seelen stete Verbindung,
  Et manet ad finem longa tenaxque fides!

Saaleck

Selger Abendfrieden
Schwebt über Berg und Tal.

Holdlächelnd sendet die Sonne
Hernieder den letzten Strahl.

Die Höhen rings erglühen
Und schimmern in Glanz und Pracht.
Mich dünkt, die Ritter entstiegen
Den Gräbern mit alter Macht.

Und horch! Aus den Burgen ertönet
Lautrauschend ein lustiger Schall.
Die Wälder rings horchen und lauschen
Dem wonnigen Widerhall.

Dazwischen erklingen viel Lieder
Von Jagdlust, von Kampf und Wein:
Hell schmettern die Hörner; es schallen
Laut dröhnend Trommeten hinein.

Da sank die Sonne; verklungen
Verhallet der freudige Klang.
Und Grabesstille und Grauen
Umhüllte die Hallen bang.

Die Saaleck liegt so traurig
Dort oben im öden Gestein.
Wenn ich sie sehe, so schauert's
Mir tief in die Seele hinein.

Ohne Heimat

Flüchtge Rosse tragen
Mich ohn Furcht und Zagen
Durch die weite Welt.

Und wer mich sieht, der kennt mich
Und wer mich kennt, der nennt mich
Den heimatslosen Herrn.
Heidideldi!
Verlaß mich nie!
Mein Glück du heller Stern!

Niemand darf es wagen
Mich darnach zu fragen,
Wo mein Heimat sei.
Ich bin wohl nie gebunden
An Raum und flüchtge Stunden!
Bin, wie der Aar so frei!
Heidideldi!
Verlaß mich nie!
Mein Glück du holder Mai!

Daß ich einst soll sterben,
Küssen muß den herben
Tod, das glaub ich kaum.
Zum Grabe soll ich sinken
Und nimmermehr dann trinken
Des Lebens duftgen Schaum?
Heidideldi!
Verlaß mich nie!
Mein Glück du bunter Traum.

Entflohn die holden Träume,
Entflohn Vergangenheit,
Die Gegenwart ist schaurig,
Die Zukunft trüb und weit.

Ich habe nie empfunden
Des Lebens Lust und Glück
Auf Zeiten längst verschwunden
Schau traurig ich zurück.

Ich weiß nicht, was ich liebe,
Ich hab nicht Fried, nicht Ruh
Ich weiß nicht, was ich glaube,
Was leb ich noch, wozu?

Ich möchte sterben, sterben
Schlummern auf grüner Heid
Über mir ziehen die Wolken,
Um mich Waldeinsamkeit.

Des Weltalls ewge Räder
Rollen im kreisenden Lauf
Des Erdballs rostge Feder
Zieht stets sich von selber auf.

Wie schön, so 'rumzufliegen
Als Luft um den kreisenden Ball
In alle Winkel zu kriechen,
Versiegen im schwebenden All!

Wie schön, die Welt zu verschlingen
In universellen Drang.
Und dann eine Zeitschrift schreiben
Über den Weltumfang.

In meines Magens Schlünde
Zwängt ich Unendlichkeit
Bewies dann durch tausend Gründe,
Endlich sei Welt und Zeit.

Der Mensch ist nicht der Gottheit
Würdiges Ebenbild

Von Tag zu Tag vertrackter
....
Nach meinem Urcharakter
Gestalt ich mir auch Gott.

Ich wacht von schweren Träumen
Durch dumpfes Läuten auf

Einsam durch den düsterblauen,
Nächtgen Himmel seh ich grelle
Blitze zucken an den Brauen
Schwarzgewölbter Wolkenwelle.
Einsam loht der Stamm der Fichte
Fern an duftger Bergeshalde.
Drüber hin im roten Lichte
Zieht der fahle Rauch zum Walde.
In des Himmels fernes Leuchten
Rinnt der Regen zart und leise,
Traurig schaurig, eigner Weise. –

In deinen tränenfeuchten
Augen ruht ein Blick,
Der schmerzlich, herzlich
Dir und mir verwehte Leiden,
Verlorne Stunden und zerronnen Glück
Zurückrief beiden. –

Laß mich dir erschließen

Laß mich dir entfalten
Mein verschlossen Herz!
Deiner Liebe heimlich Walten
Ruht so gnadenvoll und mild
Auf meinem kalten,
Welteinsamen Schmerz,
Daß Sehnsucht quillt
In mir nach dir,
Du lichte Himmelskerz!

Laß mich dir erschließen,
Wie mich übertaut
Deines Geistes heimlich Grüßen,
Wenn du auf mich hingeblickt
Zu deinen Füßen
Und mich lieb und traut
An dich gedrückt.
Selig war ich,
Mein Herz schlug mir so laut.

Jetzt und ehedem

So schwer mein Herz, so trüb die Zeit
Und nie Genügen:
Es zieht mich in den Strudel weit
Wehmut, Schmerz und Vergnügen.
Ich kann den Himmel kaum mehr sehn,
Den maienblauen:
So überstürmen wilde Wehn
Mich jetzt mit Lust und Grauen.

Ich hab gebrochen alter Zeit
Vermächtnis,
Das mir die Kindesseligkeit
Mahnend rief ins Gedächtnis.
Ich hab gebrochen, was mich hielt
In Kindesglauben:
Mit meinem Herz hab ich gespielt
Und ließ es fast mir rauben.

Und was es funden? Hin ist hin!
Nur Tränen!
Die Körner spülte leichter Sinn
Hervor, nicht dumpfes Sehnen,
Die Körner Goldes — war's nicht Schein?
Sie glänzten kurze Weile,
Doch schrieb der Tod ein mächtig Nein
Auf jede, jede Zeile.

Ich bin wie eine Münze alt,
Vergrünet,
Bemoost, Runzeln auf der Gestalt,
Die einst zum Schmuck gedienet.
Der Zweifel Furchen tief und hart
Darüber gingen,
Des Lebens Schmutz, grau und erstarrt,
Sucht rings sie zu umschlingen.

Und wer mir auch sein Herz geschenkt —
Wohin die Lieben?
Und wer mit Wasser mich getränkt —
Wo sind sie alle blieben?
Und jeder helle Sonnenblick,
Der mich getroffen —?
Wer nahm den letzten Rest von Glück,
Mein Träumen und mein Hoffen?

Mein zuckend Herz, ich warf es hin
Zu rasten
Und wälzte drüber Lust, Gewinn,
Schmerz, Wissen, Bergeslasten.
Ob es sich quält und drückt und engt –
In wilden Stunden
Da schleudert's flammend und versengt
Empor, was es gebunden.

Und schrieb ich drüber schwarz und dick
Den Blättern
Blieb wenig doch die Schrift zurück
In blutigroten Lettern,
Die Schrift, die auf dem weißen Grund
Ein Gott gezogen:
Der Gott war ich und dieser Grund
Hat sich und mich belogen. –

O daß ich könnte weltenmüd
Wegfliehen.
Und wie die Schwalbe nach dem Süd
Zu meinem Grabe ziehen:
Rings warme Sommerabendluft
Und goldne Fäden.
Um Kirchhofskreuze Rosenduft
Und Kinderlust und Reden.

Dann kniet ich an dem morschen Holz
Ganz stille:
Darüber schwebte hoch und stolz
Der Wolken duftge Fülle.
Der Kirche Schatten hüllte mich,
Die Lilien wanken
Im leisen Hauch und fragen mich
Um meine heißen Gedanken.

O Ruhe, Fremdling meiner Zeit,
Ich grüße
Dich aus der stummen Einsamkeit,
Wo ich mein Leben büße.
Aus meines Lebens Bronnen quill
In heiligen Fluten:
Ich schau auf dich und lasse still
Mein sehnend Herz verbluten.

Erinnerung

Es zuckt die Lippe und das Auge lacht,
Und doch steigt's vorwurfsvoll empor,
Das Bild aus tiefer, tiefer Herzensnacht –
Der milde Stern an meines Himmels Tor.
Er leuchtet siegreich – und die Lippe schließt
Sich dichter – und die Träne fließt.

Herüber, hinüber
Fliegen der Blicke glänzende Funken,
Trüber und trüber
Wölbt sich mein Himmel, wehmuttrunken,
Lieber, ach lieber
Bräche des Herzens zitternder Grund –

Herüber, hinüber
Zucken die Blitze – doch schweiget der Mund.
Wolkensammler, o Herzenskündiger,
    Mache uns mündiger!

Ich habe dir und mir vergeben und vergessen;
Weh! Du hast dich und mich vergessen und vergeben.

Noch einmal eh ich weiterziehe
Und meine Blicke vorwärts sende
Heb ich vereinsamt meine Hände
Zu dir empor, zu dem ich fliehe,
Dem ich in tiefster Herzenstiefe
Altäre feierlich geweiht
Daß allezeit
Mich seine Stimme wieder riefe.

Darauf erglühet tief eingeschrieben
Das Wort: Dem unbekannten Gotte:
Sein bin ich, ob ich in der Frevler Rotte
Auch bis zur Stunde bin geblieben:
Sein bin ich – und ich fühl die Schlingen,
Die mich im Kampf darniederziehn
Und, mag ich fliehn,
Mich doch zu seinem Dienste zwingen.

Ich will dich kennen Unbekannter,
Du tief in meine Seele Greifender,
Mein Leben wie ein Sturm Durchschweifender
Du Unfaßbarer, mir Verwandter!
Ich will dich kennen, selbst dir dienen.

LYRISCHES AUS DEN JAHREN
1869 BIS 1888

An die Melancholie

Verarge mir es nicht, Melancholie,
Daß ich die Feder, dich zu preisen, spitze
Und, preisend dich, den Kopf gebeugt zum Knie,
Einsiedlerisch auf einem Baumstumpf sitze.
So sahst du oft mich, gestern noch zumal,
In heißer Sonne morgendlichem Strahle:
Begehrlich schrie der Geier in das Tal,
Er träumt' vom toten Aas auf totem Pfahle.

Du irrtest, wüster Vogel, ob ich gleich
So mumienhaft auf meinem Klotze ruhte!
Du sahst das Auge nicht, das wonnenreich
Noch hin und her rollt, stolz und hochgemute.
Und wenn es nicht zu deinen Höhen schlich,
Erstorben für die fernsten Wolkenwellen,
So sank es um so tiefer, um in sich
Des Daseins Abgrund blitzend aufzuhellen.

So saß ich oft in tiefer Wüstenei,
Unschön gekrümmt, gleich opfernden Barbaren,
Und deiner eingedenk, Melancholei,
Ein Büßer, ob in jugendlichen Jahren!
So sitzend freut ich mich des Geier-Flugs,
Des Donnerlaufs der rollenden Lawinen,

Du sprachst zu mir, unfähig Menschentrugs,
Wahrhaftig, doch mit schrecklich strengen Mienen.

Du herbe Göttin wilder Felsnatur,
Du Freundin liebst es, nah mir zu erscheinen;
Du zeigst mir drohend dann des Geiers Spur
Und der Lawine Lust, mich zu verneinen.
Rings atmet zähnefletschend Mordgelüst:
Qualvolle Gier, sich Leben zu erzwingen!
Verführerisch auf starrem Felsgerüst
Sehnt sich die Blume dort nach Schmetterlingen.

Dies alles bin ich — schaudernd fühl ich's nach —
Verführter Schmetterling, einsame Blume,
Der Geier und der jähe Eisesbach,
Des Sturmes Stöhnen — alles dir zum Ruhme,
Du grimme Göttin, der ich tief gebückt,
Den Kopf am Knie, ein schaurig Loblied ächze,
Nur dir zum Ruhme, daß ich unverrückt
Nach Leben, Leben, Leben lechze!

Verarge mir es, böse Gottheit, nicht,
Daß ich mit Reimen zierlich dich umflechte.
Der zittert, dem du nahst, ein Schreckgesicht,
Der zuckt, dem du sie reichst, die böse Rechte.
Und zitternd stammle ich hier Lied auf Lied,
Und zucke auf in rhythmischem Gestalten:
Die Tinte fleußt, die spitze Feder sprüht —
Nun Göttin, Göttin laß mich — laß mich schalten!

Nach einem nächtlichen Gewitter

Heute hängst du dich als Nebelhülle,
Trübe Göttin, um mein Fenster hin.

Schaurig weht der bleichen Flocken Fülle,
Schaurig tönt der volle Bach darin.

Ach! Du hast bei jähem Blitzeleuchten,
Bei des Donners ungezähmtem Laut,
Bei des Tales Dampf den giftefeuchten
Todestrank, du Zauberin, gebraut!

Schaudernd hörte ich um Mitternächten
Deiner Stimme Lust- und Wehgeheul,
Sah der Augen Blinken, sah der Rechten
Schneidig hingezückten Donnerkeil.

Und so tratst du an mein ödes Bette
Vollgerüstet, waffengleißend hin,
Schlugst ans Fenster mir mit erzner Kette,
Sprachst zu mir: „Nun höre, was ich bin!

Bin die große, ewge Amazone,
Nimmer weiblich, taubenhaft und weich,
Kämpferin mit Mannes-Haß und -Hohne,
Siegerin und Tigerin zugleich!

Rings zu Leichen tret ich, was ich trete,
Fackeln schleudert meiner Augen Grimm,
Gifte denkt mein Hirn – nun kniee! Bete!
Oder modre Wurm! Irrlicht, verglimm!"

Am Gletscher

Um Mittag, wenn zuerst
Der Sommer ins Gebirge steigt,
Der Knabe mit den müden, heißen Augen:

Da spricht er auch,
Doch *sehen* wir sein Sprechen nur.
Sein Atem quillt, wie eines Kranken Atem quillt
In Fieber-Nacht.
Es geben Eisgebirg und Tann und Quell
Ihm Antwort auch,
Doch *sehen* wir die Antwort nur.
Denn schneller springt vom Fels herab
Der Sturzbach wie zum Gruß
Und steht, als weiße Säule zitternd,
Sehnsüchtig da.
Und dunkler noch und treuer blickt die Tanne,
Als sonst sie blickt,
Und zwischen Eis und totem Graugestein
Bricht plötzlich Leuchten aus – –
Solch Leuchten sah ich schon: das deutet mir's. –

Auch toten Mannes Auge
Wird wohl noch *ein*mal licht,
Wenn harmvoll ihn sein Kind
Umschlingt und hält und küßt:
Noch *ein*mal quillt da wohl zurück
Des Lichtes Flamme, glühend spricht
Das tote Auge: "Kind!
Ach Kind, du weißt, ich liebe dich!" –

Und glühend redet alles – Eisgebirg
Und Bach und Tann –
Mit Blicken hier dasselbe Wort:
"Wir lieben dich!
Ach Kind, du weißt, wir lieben, lieben dich!"

Und er,
Der Knabe mit den müden, heißen Augen,
Er küßt sie harmvoll,

Inbrünstger stets,
Und will nicht gehn;
Er bläst sein Wort wie Schleier nur
Von seinem Mund,
Sein schlimmes Wort:
„Mein Gruß ist Abschied,
Mein Kommen Gehen,
Ich sterbe jung."

Da horcht es rings
Und atmet kaum:
Kein Vogel singt.
Da überläuft
Es schaudernd, wie
Ein Glitzern, das Gebirg.
Da denkt es rings –
Und schweigt – –

Um Mittag war's
Um Mittag, wenn zuerst
Der Sommer ins Gebirge steigt,
Der Knabe mit den müden, heißen Augen.

Der Herbst

Dies ist der Herbst: der – bricht dir noch das Herz!
Fliege fort! fliege fort! –
Die Sonne schleicht zum Berg
Und steigt und steigt
Und ruht bei jedem Schritt.

Was ward die Welt so welk!
Auf müd gespannten Fäden spielt

Der Wind sein Lied.
Die Hoffnung floh –
Er klagt ihr nach.

Dies ist der Herbst: der – bricht dir noch das Herz!
Fliege fort! fliege fort!
O Frucht des Baums,
Du zitterst, fällst?
Welch ein Geheimnis lehrte dich
Die Nacht,
Daß eisger Schauder deine Wange,
Die Purpur-Wange deckt? –

Du schweigst, antwortest nicht?
Wer redet noch? – –

Dies ist der Herbst: der – bricht dir noch das Herz!
Fliege fort! fliege fort! –
„Ich bin nicht schön
– so spricht die Sternenblume –,
Doch Menschen lieb ich
Und Menschen tröst ich –

Sie sollen jetzt noch Blumen sehn,
Nach mir sich bücken
Ach! und mich brechen –
In ihrem Auge glänzet dann
Erinnrung auf,
Erinnerung an Schöneres als ich: –
– ich seh's, ich seh's – und sterbe so." –

Dies ist der Herbst: der – bricht dir noch das Herz!
Fliege fort! fliege fort!

Vereinsamt

Die Krähen schrein
Und ziehen schwirren Flugs zur Stadt:
Bald wird es schnein –
Wohl dem, der jetzt noch – Heimat hat!

Nun stehst du starr,
Schaust rückwärts ach! wie lange schon!
Was bist du Narr
Vor Winters in die Welt entflohn?

Die Welt – ein Tor
Zu tausend Wüsten stumm und kalt!
Wer das verlor,
Was du verlorst, macht nirgends halt.

Nun stehst du bleich,
Zur Winter-Wanderschaft verflucht,
Dem Rauche gleich,
Der stets nach kältern Himmeln sucht.

Flieg, Vogel, schnarr
Dein Lied im Wüsten-Vogel-Ton! –
Versteck, du Narr,
Dein blutend Herz in Eis und Hohn!

Die Krähen schrein
Und ziehen schwirren Flugs zur Stadt:
– bald wird es schnein,
Weh dem, der keine Heimat hat!

Der Wanderer

Es geht ein Wandrer durch die Nacht
Mit gutem Schritt;
Und krummes Tal und lange Höhn –
Er nimmt sie mit.
Die Nacht ist schön –
Er schreitet zu und steht nicht still,
Weiß nicht, wohin sein Weg noch will.

Da singt ein Vogel durch die Nacht:
„Ach Vogel, was hast du gemacht!
Was hemmst du meinen Sinn und Fuß
Und gießest süßen Herz-Verdruß
Ins Ohr mir, daß ich stehen muß
Und lauschen muß – –
Was *lockst* du mich mit Ton und Gruß?" –

Der gute Vogel schweigt und spricht:
„Nein, Waŋdrer, nein! Dich lock ich nicht
Mit dem Getön –
Ein Weibchen lock ich von den Höhn –
Was geht's dich an?
Allein ist mir die Nacht nicht schön –
Was geht's dich an? Denn du sollst gehn
Und nimmer, nimmer stillestehn!
Was stehst du noch?
Was tat mein Flötenlied dir an,
Du Wandersmann?"

Der gute Vogel schwieg und sann:
„Was tat mein Flötenlied ihm an?
Was steht er noch? –
Der arme, arme Wandersmann!"

An die Freundschaft

Heil dir, Freundschaft!
Meiner höchsten Hoffnung
Erste Morgenröte!
Ach, ohn Ende
Schien oft Pfad und Nacht mir,
Alles Leben
Ziellos und verhaßt!
Zweimal will ich leben,
Nun ich schau in deiner Augen
Morgenglanz und Sieg,
Du liebste Göttin!

Campo santo di Staglieno

O Mädchen, das dem Lamme
Das zarte Fellchen kraut,
Dem beides, Licht und Flamme,
Aus beiden Augen schaut,
Du lieblich Ding zum Scherzen,
Du Liebling weit und nah,
So fromm, so mild von Herzen,
    Amorosissima!

Was riß so früh die Kette?
Wer hat dein Herz betrübt?
Und liebtest du, wer hätte
Dich nicht genug geliebt? –
Du schweigst – doch sind die Tränen
Den milden Augen nah: –
Du schwiegst – und starbst vor Sehnen,
    Amorosissima?

Die kleine Brigg, genannt „das Engelchen"

Engelchen: so nennt man mich –
Jetzt ein Schiff, dereinst ein Mädchen,
Ach, noch immer sehr ein Mädchen!
Denn es dreht um Liebe sich
Stets mein feines Steuerrädchen.

Engelchen: so nennt man mich –
Bin geschmückt mit hundert Fähnchen,
Und das schönste Kapitänchen
Bläht an meinem Steuer sich,
Als das hunderterste Fähnchen.

Engelchen: so nennt man mich –
Überallhin, wo ein Flämmchen
Für mich glüht, lauf ich, ein Lämmchen,
Meinen Weg sehnsüchtiglich:
Immer war ich solch ein Lämmchen.

Engelchen: so nennt man mich –
Glaubt ihr wohl, daß wie ein Hündchen
Belln ich kann und daß mein Mündchen
Dampf und Feuer wirft um sich?
Ach, des Teufels ist mein Mündchen!

Engelchen: so nennt man mich –
Sprach ein bitterböses Wörtchen
Einst, daß schnell zum letzten Örtchen
Mein Geliebtester entwich:
Ja, er starb an diesem Wörtchen!

Engelchen: so nennt man mich –
Kaum gehört, sprang ich vom Klippchen
In den Grund und brach ein Rippchen,

Daß die liebe Seele wich:
Ja, sie wich durch dieses Rippchen!

Engelchen: so nennt man mich –
Meine Seele, wie ein Kätzchen,
Tat eins, zwei, drei, vier, fünf Sätzchen,
Schwang dann in dies Schiffchen sich –
Ja, sie hat geschwinde Tätzchen.

Engelchen: so nennt man mich –
Jetzt ein Schiff, dereinst ein Mädchen,
Ach, noch immer sehr ein Mädchen!
Denn es dreht um Liebe sich
Stets mein feines Steuerrädchen.

Mädchen-Lied

Gestern, Mädchen, ward ich weise,
Gestern ward ich siebzehn Jahr: –
Und dem gräulichsten der Greise
Gleich ich nun – doch nicht aufs Haar!

Gestern kam mir ein Gedanke –
Ein Gedanke? Spott und Hohn!
Kam euch jemals ein Gedanke?
Ein Gefühlchen eher schon!

Selten, daß ein Weib zu denken
Wagt, denn alte Weisheit spricht:
„Folgen soll das Weib, nicht lenken;
Denkt sie, nun, dann folgt sie nicht."

Was sie noch sagt, glaubt ich nimmer;
Wie ein Floh, so springt's, so sticht's!
„Selten denkt das Frauenzimmer,
Denkt es aber, taugt es nichts!"

Alter hergebrachter Weisheit
Meine schönste Reverenz!
Hört jetzt meiner neuen Weisheit
Allerneuste Quintessenz!

Gestern sprach's in mir, wie's immer
In mir sprach; nun hört mich an:
„Schöner ist das Frauenzimmer,
Interessanter ist – der Mann!"

„*Pia, caritatevole, amorosissima*"

Dich lieb ich, Gräbergrotte!
Dich, Marmor-Lügnerei!
Ihr macht zum freisten Spotte
Mir stets die Seele frei.
Nur heute – steh ich, weine,
Laß meinen Tränen Lauf
Vor dir, du Bild im Steine,
Vor dir, du Wort darauf.

Und – niemand braucht's zu wissen –
Dies Bild – ich küßt es schon.
Es gibt so viel zu küssen:
Seit wann küßt man denn – Ton?
Wer *das* zu deuten wüßte!

Wie? Ich ein Grabstein-Narr!
Denn, ich gesteh's, ich küßte
Das lange Wort sogar.

Aus hohen Bergen

O Lebens Mittag! Feierliche Zeit!
          O Sommergarten!
Unruhig Glück im Stehn und Spähn und Warten: –
Der Freunde harr ich, Tag und Nacht bereit,
Wo bleibt ihr, Freunde? Kommt! 's ist Zeit! 's ist Zeit!

War's nicht für euch, daß sich des Gletschers Grau
          Heut schmückt mit Rosen?
Euch sucht der Bach, sehnsüchtig drängen, stoßen
Sich Wind und Wolke höher heut ins Blau,
Nach euch zu spähn aus fernster Vogel-Schau.

Im Höchsten ward für euch mein Tisch gedeckt –
          Wer wohnt den Sternen
So nahe, wer des Abgrunds graus'ten Fernen?
Mein Reich – welch Reich hat weiter sich gereckt?
Und meinen Honig – wer hat ihn geschmeckt? ...

– Da *seid* ihr, Freunde! – Weh, doch *ich* bin's nicht,
          Zu dem ihr wolltet?
Ihr zögert, staunt – ach, daß ihr lieber grolltet!
Ich – bin's nicht mehr? Vertauscht Hand, Schritt, Gesicht?
Und *was* ich bin, euch Freunden – bin ich's nicht?

Ein andrer ward ich? Und mir selber fremd?
          Mir selbst entsprungen?
Ein Ringer, der zu oft sich selbst bezwungen?

Zu oft sich gegen eigne Kraft gestemmt,
Durch eignen Sieg verwundet und gehemmt?

Ich suchte, wo der Wind am schärfsten weht?
                    Ich lernte wohnen,
Wo niemand wohnt, in öden Eisbär-Zonen,
Verlernte Mensch und Gott, Fluch und Gebet?
Ward zum Gespenst, das über Gletscher geht?

– Ihr alten Freunde! Seht! Nun blickt ihr bleich,
                    Voll Lieb und Grausen!
Nein, geht! Zürnt nicht! Hier – könntet *ihr* nicht hausen:
Hier zwischen fernstem Eis- und Felsenreich –
Hier muß man Jäger sein und gemsengleich.

Ein *schlimmer* Jäger ward ich! – Seht, wie steil
                    Gespannt mein Bogen!
Der Stärkste war's, der solchen Zug gezogen – –:
Doch wehe nun! Gefährlich ist *der* Pfeil,
Wie *kein* Pfeil, – fort von hier! Zu eurem Heil!...

Ihr wendet euch? – O Herz, du trugst genung,
                    Stark blieb dein Hoffen:
Halt *neuen* Freunden deine Türen offen!
Die alten laß! Laß die Erinnerung!
Warst einst du jung, jetzt – bist du besser jung!

Was je uns knüpfte, *einer* Hoffnung Band –
                    Wer liest die Zeichen,
Die Liebe einst hineinschrieb, noch, die bleichen?
Dem Pergament vergleich ich's, das die Hand
Zu fassen *scheut* – ihm gleich verbräunt, verbrannt.

Nicht Freunde mehr, das sind – wie nenn ich's doch? –
                    Nur Freunds-Gespenster!
Das klopft mir wohl noch nachts an Herz und Fenster,

Das sieht mich an und spricht: "wir *waren's* doch?"
– O welkes Wort, das einst wie Rosen roch!

O Jugend-Sehnen, das sich mißverstand!
                Die *ich* ersehnte,
Die ich mir selbst verwandt-verwandelt wähnte,
Daß *alt* sie wurden, hat sie weggebannt:
Nur wer sich wandelt, bleibt mit mir verwandt.

O Lebens Mittag! Zweite Jugendzeit!
                O Sommergarten!
Unruhig Glück im Stehn und Spähn und Warten!
Der Freunde harr ich, Tag und Nacht bereit,
Der *neuen* Freunde! Kommt! 's ist Zeit! 's ist Zeit!

Dies Lied ist aus – der Sehnsucht süßer Schrei
                Erstarb im Munde:
Ein Zaubrer tat's, der Freund zur rechten Stunde,
Der Mittags-Freund – nein! fragt nicht, wer es sei –
Um Mittag war's, da wurde Eins zu Zwei...

Nun feiern wir, vereinten Siegs gewiß,
                Das Fest der Feste:
Freund *Zarathustra* kam, der Gast der Gäste!
Nun lacht die Welt, der grause Vorhang riß,
Die Hochzeit kam für Licht und Finsternis...

        O Mensch! Gib acht!
   Was spricht die tiefe Mitternacht?
        "Ich schlief, ich schlief –,
      Aus tiefem Traum bin ich erwacht: –
        Die Welt ist tief,
   Und tiefer als der Tag gedacht.

Tief ist ihr Weh —,
Lust — tiefer noch als Herzeleid:
Weh spricht: Vergeh!
Doch alle Lust will Ewigkeit —,
— will tiefe, tiefe Ewigkeit!"

An Hafis

(Trinkspruch, Frage eines Wassertrinkers)

Die Schenke, die du dir gebaut,
   ist größer als jedes Haus,
Die Tränke, die du drin gebraut,
   die trinkt die Welt nicht aus.
Der Vogel, der einst Phönix war,
   der wohnt bei dir zu Gast,
Die Maus, die einen Berg gebar,
   die — bist du selber fast!
Bist alles und keins, bist Schenke und Wein,
   bist Phönix, Berg und Maus,
Fällst ewiglich in dich hinein,
   fliegst ewig aus dir hinaus —
Bist aller Höhen Versunkenheit,
   bist aller Tiefen Schein,
Bist aller Trunkenen Trunkenheit
   — wozu, wozu *dir* — Wein?

Musik des Südens

Nun wird mir alles noch zuteil,
Was je mein Adler mir erschaute
— Ob manche Hoffnung schon vergraute —:

Es sticht dein Klang mich wie ein Pfeil,
Der Ohren und der Sinne Heil,
Das mir vom Himmel niedertaute.

O zögre nicht, nach südlichen Geländen,
Glückselgen Inseln, griechischem Nymphen-Spiel
Des Schiffs Begierde hinzuwenden –
Kein Schiff fand je ein schöner Ziel!

An der Brücke stand
jüngst ich in brauner Nacht.
Fernher kam Gesang;
goldener Tropfen quoll's
über die zitternde Fläche weg.
Gondeln, Lichter, Musik –
trunken schwamm's in die Dämmrung hinaus...

Meine Seele, ein Saitenspiel,
sang sich, unsichtbar berührt,
heimlich ein Gondellied dazu,
zitternd vor bunter Seligkeit.
– Hörte jemand ihr zu?

Drei Bruchstücke

1.

Glück, o Glück, du schönste Beute!
Immer nah, nie nah genung,
Immer morgen, nur nicht heute, –
Ist dein Jäger dir zu jung?

Bist du wirklich Pfad der Sünde,
     Aller Sünden
Lieblichste Versündigung?

2.

Fern brummt der Donner übers Land,
Der Regen tropft und tropft:
Geschwätzig früh schon, der Pedant,
Dem nichts das Maul mehr stopft.
Kaum schielt der Tag durchs Fenster mir
Und schon die Litanei!
Das predigt, plätschert für und für,
Wie alles – eitel sei!

3.

Der Tag klingt ab, es gilbt sich Glück und Licht,
Mittag ist ferne.
Wie lange noch? Dann kommen Mond und Sterne
Und Wind und Reif: nun säum ich länger nicht,
Der Frucht gleich, die ein Hauch vom Baume bricht.

SPRUCHHAFTES AUS DEN JAHREN
1869 BIS 1888

In Basel steh ich unverzagt
Doch einsam da – Gott sei's geklagt.
Und schrei ich laut: Homer! Homer!
So macht das jedermann Beschwer.
Zur Kirche geht man und nach Haus
Und lacht den lauten Schreier aus.

Jetzt kümmr' ich mich nicht mehr darum:
Das allerschönste Publikum
Hört mein homerisches Geschrei
Und ist geduldig still dabei.
Zum Lohn für diesen Überschwank
Von Güte hier gedruckten Dank.

Unter Freunden

Ein Nachspiel

1.

Schön ist's, miteinander schweigen,
Schöner, miteinander lachen, –
Unter seidenem Himmels-Tuche
Hingelehnt zu Moos und Buche
Lieblich laut mit Freunden lachen
Und sich weiße Zähne zeigen.

Macht' ich's gut, so wolln wir schweigen;
Macht' ich's schlimm –, so wolln wir lachen
Und es immer schlimmer machen,
Schlimmer machen, schlimmer lachen,
Bis wir in die Grube steigen.

Freunde! Ja! So soll's geschehn?
Amen! Und auf Wiedersehn!

2.

Kein Entschuldgen! Kein Verzeihen!
Gönnt ihr Frohen, Herzens-Freien
Diesem unvernünftgen Buche
Ohr und Herz und Unterkunft!
Glaubt mir, Freunde, nicht zum Fluche
Ward mir meine Unvernunft!

Was *ich* finde, was *ich* suche –,
Stand das je in einem Buche?
Ehrt in mir die Narren-Zunft!
Lernt aus diesem Narrenbuche,
Wie Vernunft kommt – "zur Vernunft"!

Also, Freunde, soll's geschehn? –
Amen! Und auf Wiedersehn!

Pinie und Blitz

Hoch wuchs ich über Mensch und Tier;
Und sprech ich – niemand spricht mit mir.

Zu einsam wuchs ich und zu hoch –
Ich warte: worauf wart ich doch?

Zu nah ist mir der Wolken Sitz, –
Ich warte auf den ersten Blitz.

Baum im Herbst

Was habt ihr plumpen Tölpel mich gerüttelt,
Als ich in seliger Blindheit stand:
Nie hat ein Schreck grausamer mich geschüttelt,
– Mein Traum, mein goldner Traum entschwand!

Naschbären ihr mit Elefanten-Rüsseln,
Macht man nicht höflich erst: Klopf! Klopf?
Vor Schrecken warf ich euch die Schüsseln
Goldreifer Früchte – an den Kopf.

Unter Feinden

(Nach einem Zigeuner-Sprichwort)

Dort der Galgen, hier die Stricke
Und des Henkers roter Bart,
Volk herum und giftge Blicke –
Nichts ist neu dran meiner Art!
Kenne dies aus hundert Gängen,
Schrei's euch lachend ins Gesicht:
„Unnütz, unnütz, mich zu hängen!
Sterben? Sterben kann ich nicht!"

Bettler ihr! Denn euch zum Neide
Ward mir, was ihr – nie erwerbt:
Zwar ich leide, zwar ich leide –
Aber ihr – ihr sterbt, ihr sterbt!

Auch nach hundert Todesgängen
Bin ich Atem, Dunst und Licht –
„Unnütz, unnütz, mich zu hängen!
Sterben? Sterben kann ich nicht!"

„*Der Wanderer und sein Schatten*"

Ein Buch

Nicht mehr zurück? Und nicht hinan?
Auch für die Gemse keine Bahn?

So wart ich hier und fasse fest,
Was Aug und Hand mich fassen läßt!

Fünf Fuß breit Erde, Morgenrot,
Und *unter* mir – Welt, Mensch und Tod!

Zu „Menschliches Allzumenschliches"

1.

Seit dies Buch mir erwuchs, quält Sehnsucht mich und
           Beschämung,
Bis solch Gewächs dir einst reicher und schöner erblüht.
Jetzt schon kost ich des Glücks, daß ich dem Größeren
           nachgeh,
Wenn er des goldnen Ertrags eigener Ernten sich freut.

2.

Ist von Sorrentos Duft nichts hängenblieben?
Ist alles wilde, kühle Bergnatur?
Kaum herbstlich sonnenwarm und ohne Lieben?

So ist ein Teil von mir im Buche nur:
Den bessern Teil, ihn bring ich zum Altar
Für sie, die Freundin, Mutter, Arzt mir war.

3.

Freundin! Der sich vermaß, dich dem Glauben ans Kreuz
    zu entreißen,
Schickt dir dies Buch: doch er selbst macht vor dem Buche
    ein Kreuz.

Wer viel einst zu verkünden hat,
Schweigt viel in sich hinein:
Wer einst den Blitz zu zünden hat,
Muß lange – Wolke sein.

In ein Exemplar der „Fröhlichen Wissenschaft"

Freundin, sprach Columbus, traue
Keinem Genuesen mehr!
Immer starrt er in das Blaue
Fernstes zieht ihn allzusehr!
Wen er liebt, den lockt er gerne
Weit hinaus in Raum und Zeit, –
Über uns glänzt Stern bei Sterne
Um uns braust die Ewigkeit.

„Die fröhliche Wissenschaft"

Dies ist kein Buch: was liegt an Büchern!
An diesen Särgen und Leichentüchern!

Vergangnes ist der Bücher Beute:
Doch hierin lebt ein ewig *Heute*.

Dies ist kein Buch: was liegt an Büchern!
Was liegt an Särgen und Leichentüchern!
Dies ist ein Wille, dies ist ein Versprechen,
Dies ist ein letztes Brücken-Zerbrechen,
Dies ist ein Meerwind, ein Anker-Lichten,
Ein Räder-Brausen, ein Steuer-Richten;
Es brüllt die Kanone, weiß dampft ihr Feuer,
Es lacht das Meer, das Ungeheuer!

Vorsicht: Gift!

Wer hier nicht lachen kann, soll hier nicht lesen!
Denn, lacht er nicht, packt ihn „das böse Wesen".

Seine Gesellschaft zu finden wissen

Mit Witzbolden ist gut witzeln:
Wer kitzeln will, ist leicht zu kitzeln.

Aus der Tonne des Diogenes

„Notdurft ist billig, Glück ist ohne Preis:
Drum sitz ich statt auf Gold auf meinem Steiß."

Lebensregeln

Das Leben gern zu leben,
Mußt du darüberstehn!
Drum lerne dich erheben!
Drum lerne – abwärts sehn!

Den edelsten der Triebe
Veredle mit Bedachtung:
Zu jedem Kilo Liebe
Nimm ein Gran Selbstverachtung.

Desperat

Fürchterlich sind meinem Sinn
Spuckende Gesellen!
Lauf ich schon, wo lauf ich hin?
Spring ich in die Wellen?

Alle Münder stets gespitzt,
Gurgelnd alle Kehlen,
Wand und Boden stets bespritzt –
Fluch auf Speichelseelen!

Lieber lebt ich schlecht und schlicht
Vogelfrei auf Dächern,
Lieber unter Diebsgezücht,
Eid- und Ehebrechern!

Fluch der Bildung, wenn sie speit!
Fluch dem Tugendbunde!
Auch die reinste Heiligkeit
Trägt nicht Gold im Munde.

Das Wort

Lebendgem Worte bin ich gut:
Das springt heran so wohlgemut,
Das grüßt mit artigem Genick,
Ist lieblich selbst im Ungeschick,
Hat Blut in sich, kann herzhaft schnauben,
Kriecht dann zum Ohre selbst dem Tauben,
Und ringelt sich und flattert jetzt,
Und was es tut – das Wort ergetzt.

Doch bleibt das Wort ein zartes Wesen,
Bald krank und aber bald genesen.
Willst ihm sein kleines Leben lassen,
Mußt du es leicht und zierlich fassen,
Nicht plump betasten und bedrücken,
Es stirbt oft schon an bösen Blicken –
Und liegt dann da, so ungestalt,
So seelenlos, so arm und kalt,
Sein kleiner Leichnam arg verwandelt,
Von Tod und Sterben mißgehandelt.

Ein totes Wort – ein häßlich Ding,
Ein klapperdürres Kling-Kling-Kling.
Pfui allen häßlichen Gewerben,
An denen Wort und Wörtchen sterben!

Der Einsiedler spricht

Gedanken *haben*? Gut! sie wollen mich zum Herrn.
Doch sich Gedanken *machen* – das verlernt ich gern!
Wer sich Gedanken macht – den haben *sie*,
Und dienen will ich nun und nie.

Alle ewigen Quell-Bronnen
Quellen ewig hinan:
Gott selbst – hat er je begonnen?
Gott selbst – fängt er immer an?

Entschluß

Will weise sein, weil's *mir* gefällt,
Und nicht auf fremden Ruf.
Ich lobe Gott, weil Gott die Welt
So dumm als möglich schuf.

Und wenn ich selber meine Bahn
So krumm als möglich lauf –
Der Weiseste fing damit an,
Der Narr – hört damit auf.

Der Halkyonier

So sprach ein Weib voll Schüchternheit
Zu mir im Morgenschein:
„Bist schon du selig vor Nüchternheit,
Wie selig wirst du – trunken sein!"

Sieben Weibs-Sprüchlein

Wie die längste Weile fleucht, kommt ein Mann zu uns
                                           gekreucht!

Alter, ach! und Wissenschaft gibt auch schwacher Tugend
Kraft.

Schwarz Gewand und Schweigsamkeit kleidet jeglich
Weib – gescheit.

Wem im Glück ich dankbar bin? Gott! – und meiner
Schneiderin.

Jung: beblümtes Höhlenhaus. Alt: ein Drache fährt
heraus.

Edler Name, hübsches Bein, Mann dazu: o wär *er* mein!

Kurze Rede, langer Sinn – Glatteis für die Eselin!

Das neue Testament

Dies das heiligste Gebet-,
Wohl- und Wehe-Buch?
– Doch an seiner Pforte steht
Gottes Ehebruch!

Einstmals – ich glaub, im Jahr des Heiles Eins –
Sprach die Sibylle, trunken sonder Weins:
„Weh, nun geht's schief!
Verfall! Verfall! Nie sank die Welt so tief!
Rom sank zur Hure und zur Huren-Bude,
Roms Cäsar sank zum Vieh, Gott selbst – ward Jude!"

Beim Anblick eines Schlafrocks

Kam, trotz schlumpichtem Gewande,
Einst der Deutsche zu Verstande,
Weh, wie hat sich das gewandt!
Eingeknöpft in strenge Kleider,
Überließ er seinem Schneider,
Seinem Bismarck – den Verstand!

An Spinoza

Dem „Eins in Allem" liebend zugewandt,
Amore dei, selig aus Verstand –
Die Schuhe aus! welch dreimal heilig Land! –
– Doch unter dieser Liebe fraß
Ein heimlich glimmender Rachebrand,
Am Judengott fraß Judenhaß ...
Einsiedler! Hab ich dich erkannt?

An die Jünger Darwins

Dieser braven Engeländer
Mittelmäßige Verständer
Nehmt ihr als „Philosophie"?
Darwin neben Goethe setzen
Heißt: die *Majestät verletzen* –
Majestatem genii!

Heil euch, brave Karrenschieber,
Stets „je länger, desto lieber",
Steifer stets an Kopf und Knie,
Unbegeistert, ungespäßig,
Unverwüstlich-mittelmäßig,
Sans génie et sans esprit!

Arthur Schopenhauer

Was er lehrte, ist abgetan;
Was er lebte, wird bleiben stahn:
Seht ihn nur an –
Niemandem war er untertan!

An Richard Wagner

Der du an jeder Fessel krankst,
Friedloser, unbefreiter Geist,
Siegreicher stets und doch gebundener,
Verekelt mehr und mehr, zerschundener,
Bis du aus jedem Balsam Gift dir trankst –,
Weh! Daß auch du am Kreuze niedersankst,
Auch du! Auch du – ein Überwundener!

Vor diesem Schauspiel steh ich lang,
Gefängnis atmend, Gram und Groll und Gruft,
Dazwischen Weihrauch-Wolken, Kirchen-Duft,
Mir fremd, mir schauerlich und bang.
Die Narrenkappe werf ich tanzend in die Luft,
Denn ich entsprang!

Wagner als Apostel der Keuschheit

– Ist das noch deutsch?
Aus deutschem Herzen kam dies schwüle Kreischen?
Und deutschen Leibs ist dies Sich-selbst-Zerfleischen?
Deutsch ist dies Priester-Hände-Spreizen,
Dies weihrauchdüftelnde Sinne-Reizen?
Und deutsch dies Stürzen, Stocken, Taumeln,
Dies zuckersüße Bimbambaumeln?
Dies Nonnen-Äugeln, Ave-Glockenbimmeln,
Dies ganze falsch verzückte Himmel-Überhimmeln? . . .

– Ist das noch deutsch?
Erwägt! Noch steht ihr an der Pforte . . .
Denn was ihr hört, ist Rom – *Roms Glaube ohne Worte!*

„SCHERZ, LIST UND RACHE"

Vorspiel in deutschen Reimen
(1882)

1.

Einladung

Wagt's mit meiner Kost, ihr Esser!
Morgen schmeckt sie euch schon besser
Und schon übermorgen gut!
Wollt ihr dann noch mehr – so machen
Meine alten sieben Sachen
Mir zu sieben neuen Mut.

2.

Mein Glück

Seit ich des Suchens müde ward,
Erlernte ich das Finden.
Seit mir ein Wind hielt Widerpart,
Segl' ich mit allen Winden.

3.

Unverzagt

Wo du stehst, grab tief hinein!
Drunten ist die Quelle!
Laß die dunklen Männer schrein:
„Stets ist drunten – Hölle!"

4.

Zwiegespräch

A. War ich krank? Bin ich genesen?
   Und wer ist mein Arzt gewesen?
   Wie vergaß ich alles das!
B. Jetzt erst glaub ich dich genesen:
   Denn gesund ist, wer vergaß.

5.

An die Tugendsamen

Unseren Tugenden auch solln leicht die Füße sich heben:
Gleich den Versen Homers müssen sie kommen *und gehn*!

6.

Welt-Klugheit

Bleib nicht auf ebnem Feld!
Steig nicht zu hoch hinaus!
Am schönsten sieht die Welt
Von halber Höhe aus.

7.

Vademecum – Vadetecum

Es lockt dich meine Art und Sprach,
Du folgest mir, du gehst mir nach?
Geh nur dir selber treulich nach: –
So folgst du mir – gemach! gemach!

8.

Bei der dritten Häutung

Schon krümmt und bricht sich mir die Haut,
Schon giert mit neuem Drange,

So viel sie Erde schon verdaut,
Nach Erd in mir die Schlange.
Schon kriech ich zwischen Stein und Gras
Hungrig auf krummer Fährte,
Zu essen das, was stets ich aß,
Dich, Schlangenkost, dich, Erde!

9.

Meine Rosen

Ja! Mein Glück – es will beglücken –
Alles Glück will ja beglücken!
Wollt ihr meine Rosen pflücken?

Müßt euch bücken und verstecken
Zwischen Fels und Dornenhecken,
Oft die Fingerchen euch lecken!

Denn mein Glück – es liebt das Necken!
Denn mein Glück – es liebt die Tücken! –
Wollt ihr meine Rosen pflücken?

10.

Der Verächter

Vieles laß ich falln und rollen,
Und ihr nennt mich drum Verächter.
Wer da trinkt aus allzuvollen
Bechern, läßt viel falln und rollen –,
Denkt vom Weine drum nicht schlechter.

11.

Das Sprichwort spricht

Scharf und milde, grob und fein,
Vertraut und seltsam, schmutzig und rein,

Der Narren und Weisen Stelldichein:
Dies alles bin ich, will ich sein,
Taube zugleich, Schlange und Schwein!

12.

An einen Lichtfreund

Willst du nicht Aug und Sinn ermatten,
Lauf auch der Sonne nach im Schatten!

13.

Für Tänzer

Glattes Eis
Ein Paradeis
Für den, der gut zu tanzen weiß.

14.

Der Brave

Lieber aus ganzem Holz eine Feindschaft
Als eine geleimte Freundschaft!

15.

Rost

Auch Rost tut not: Scharfsein ist nicht genung!
Sonst sagt man stets von dir: „er ist zu jung!"

16.

Aufwärts

„Wie komm ich am besten den Berg hinan?" –
Steig nur hinauf und denk nicht dran!

17.

Spruch des Gewaltmenschen

Bitte nie! Laß dies Gewimmer!
Nimm, ich bitte dich, nimm immer!

18.

Schmale Seelen

Schmale Seelen sind mir verhaßt:
Da steht nichts Gutes, nichts Böses fast.

19.

Der unfreiwillige Verführer

Er schoß ein leeres Wort zum Zeitvertreib
Ins Blaue – und doch fiel darob ein Weib.

20.

Zur Erwägung

Zwiefacher Schmerz ist leichter zu tragen
Als *ein* Schmerz: willst du darauf es wagen?

21.

Gegen die Hoffart

Blas dich nicht auf: sonst bringet dich
Zum Platzen schon ein kleiner Stich.

22.

Mann und Weib

„Raub dir das Weib, für das dein Herze fühlt!" –
So denkt der Mann; das Weib raubt nicht, es stiehlt.

23.

Interpretation

Leg ich mich aus, so leg ich mich hinein:
Ich kann nicht selbst mein Interprete sein.
Doch wer nur steigt auf seiner eignen Bahn,
Trägt auch mein Bild zu hellerm Licht hinan.

24.

Pessimisten-Arznei

Du klagst, daß nichts dir schmackhaft sei?
Noch immer, Freund, die alten Mucken?
Ich hör dich lästern, lärmen, spucken –
Geduld und Herz bricht mir dabei.
Folg mir, mein Freund! Entschließ dich frei,
Ein fettes Krötchen zu verschlucken,
Geschwind und ohne hinzugucken! –
Das hilft dir von der Dyspepsei!

25.

Bitte

Ich kenne mancher Menschen Sinn
Und weiß nicht, wer ich selber bin!
Mein Auge ist mir viel zu nah –
Ich bin nicht, was ich seh und sah.
Ich wollte mir schon besser nützen,
Könnt ich mir selber ferner sitzen.
Zwar nicht so ferne wie mein Feind!
Zu fern sitzt schon der nächste Freund –
Doch zwischen dem und mir die Mitte!
Erratet ihr, um was ich bitte?

26.

Meine Härte

Ich muß weg über hundert Stufen,
Ich muß empor und hör euch rufen:
„Hart bist du! Sind wir denn von Stein?" –
Ich muß weg über hundert Stufen,
Und niemand möchte Stufe sein.

27.

Der Wandrer

„Kein Pfad mehr! Abgrund rings und Totenstille!" –
So wolltest du's! Vom Pfade wich dein Wille!
Nun, Wandrer, gilt's! Nun blicke kalt und klar!
Verloren bist du, glaubst du – an Gefahr.

28.

Trost für Anfänger

Seht das Kind umgrunzt von Schweinen,
Hilflos, mit verkrümmten Zehn!
Weinen kann es, nichts als weinen –
Lernt es jemals stehn und gehn?
Unverzagt! Bald, sollt ich meinen,
Könnt das Kind ihr tanzen sehn!
Steht es erst auf beiden Beinen,
Wird's auch auf dem Kopfe stehn.

29.

Sternen-Egoismus

Rollt ich mich rundes Rollefaß
Nicht um mich selbst ohn Unterlaß,
Wie hielt ich's aus, ohne anzubrennen,
Der heißen Sonne nachzurennen?

30.

Der Nächste

Nah hab den Nächsten ich nicht gerne:
Fort mit ihm in die Höh und Ferne!
Wie würd er sonst zu meinem Sterne? –

31.

Der verkappte Heilige

Daß dein Glück uns nicht bedrücke,
Legst du um dich Teufelstücke,
Teufelswitz und Teufelskleid.
Doch umsonst! Aus deinem Blicke
Blickt hervor die Heiligkeit!

32.

Der Unfreie

A. Er steht und horcht: was konnt ihn irren?
 Was hört er vor den Ohren schwirren?
 Was war's, das ihn darniederschlug?
B. Wie jeder, der einst Ketten trug,
 Hört überall er – Kettenklirren.

33.

Der Einsame

Verhaßt ist mir das Folgen und das Führen.
Gehorchen? Nein! Und aber nein – Regieren!
Wer *sich* nicht schrecklich ist, macht niemand Schrecken.
Und nur wer Schrecken macht, kann andre führen.
Verhaßt ist mir's schon, selber mich zu führen!
Ich liebe es, gleich Wald- und Meerestieren,
Mich für ein gutes Weilchen zu verlieren,

In holder Irrnis grüblerisch zu hocken,
Von ferne her mich endlich heimzulocken,
Mich selber zu mir selber – zu verführen.

34.

Seneca et hoc genus omne

Das schreibt und schreibt sein unausstehlich weises Larifari,
Als gält es *primum scribere,*
Deinde philosophari.

35.

Eis

Ja! Mitunter mach ich Eis:
Nützlich ist Eis zum Verdauen!
Hättet ihr viel zu verdauen,
O wie liebtet ihr mein Eis!

36.

Jugendschriften

Meiner Weisheit A und O
Klang mir hier: was hört ich doch!
Jetzo klingt mir's nicht mehr so,
Nur das ewge Ah! und Oh!
Meiner Jugend hör ich noch.

37.

Vorsicht

In jener Gegend reist man jetzt nicht gut;
Und hast du Geist, sei doppelt auf der Hut!
Man lockt und liebt dich, bis man dich zerreißt:
Schwarmgeister sind's –: da fehlt es stets an Geist!

38.

Der Fromme spricht

Gott liebt uns, *weil* er uns erschuf! –
„Der Mensch schuf Gott!" – sagt drauf ihr Feinen.
Und soll nicht lieben, was er schuf?
Soll's gar, *weil* er es schuf, verneinen?
Das hinkt, das trägt des Teufels Huf.

39.

Im Sommer

Im Schweiße unsres Angesichts
Solln unser Brot wir essen?
Im Schweiße ißt man lieber nichts,
Nach weiser Ärzte Ermessen.
Der Hundsstern winkt: woran gebricht's?
Was will sein feurig Winken?
Im Schweiße unsres Angesichts
Solln unsren Wein wir trinken!

40.

Ohne Neid

Ja, neidlos blickt er: und ihr ehrt ihn drum?
Er blickt sich nicht nach euren Ehren um;
Er hat des Adlers Auge für die Ferne,
Er sieht euch nicht! – er sieht nur Sterne, Sterne!

41.

Heraklitismus

Alles Glück auf Erden,
Freunde, gibt der Kampf!
Ja, um Freund zu werden,

Braucht es Pulverdampf!
Eins in Drein sind Freunde:
Brüder vor der Not,
Gleiche vor dem Feinde,
Freie – vor dem Tod!

42.

Grundsatz der Allzufeinen

Lieber auf den Zehen noch
Als auf allen vieren!
Lieber durch ein Schlüsselloch
Als durch offne Türen!

43.

Zuspruch

Auf Ruhm hast du den Sinn gericht?
Dann acht der Lehre:
Beizeiten leiste frei Verzicht
Auf Ehre!

44.

Der Gründliche

Ein Forscher ich? O spart dies Wort! –
Ich bin nur *schwer* – so manche Pfund!
Ich falle, falle immerfort
Und endlich auf den Grund!

45.

Für immer

„Heut komm ich, weil mir's heute frommt" –
Denkt jeder, der für immer kommt.

Was ficht ihn an der Welt Gered:
„Du kommst zu früh! Du kommst zu spät!"

46.

Urteile der Müden

Der Sonne fluchen alle Matten;
Der Bäume Wert ist ihnen – Schatten!

47.

Niedergang

„Er sinkt, er fällt jetzt" – höhnt ihr hin und wieder;
Die Wahrheit ist: er steigt zu euch hernieder!

Sein Überglück ward ihm zum Ungemach,
Sein Überlicht geht eurem Dunkel nach.

48.

Gegen die Gesetze

Von heut an hängt an härner Schnur
Um meinen Hals die Stunden-Uhr;
Von heut an hört der Sterne Lauf,
Sonn, Hahnenschrei und Schatten auf,
Und was mir je die Zeit verkündt,
Das ist jetzt stumm und taub und blind: –
Es schweigt mir jegliche Natur
Beim Ticktack von Gesetz und Uhr.

49.

Der Weise spricht

Dem Volke fremd und nützlich doch dem Volke,
Zieh ich des Weges, Sonne bald, bald Wolke –
Und immer über diesem Volke!

50.

Den Kopf verloren

Sie hat jetzt Geist – wie kam's, daß sie ihn fand?
Ein Mann verlor durch sie jüngst den Verstand.
Sein Kopf war reich vor diesem Zeitvertreibe:
Zum Teufel ging sein Kopf – nein! nein! zum Weibe!

51.

Fromme Wünsche

„Mögen alle Schlüssel doch
Flugs verlorengehen,
Und in jedem Schlüsselloch
Sich der Dietrich drehen!"
Also denkt zu jeder Frist
Jeder, der – ein Dietrich ist.

52.

Mit dem Fuße schreiben

Ich schreib nicht mit der Hand allein:
Der Fuß will stets mit Schreiber sein.
Fest, frei und tapfer läuft er mir
Bald durch das Feld, bald durchs Papier.

53.

„Menschliches, Allzumenschliches." Ein Buch

Schwermütig scheu, solang du rückwärts schaust,
Der Zukunft trauend, wo du selbst dir traust:
O Vogel, rechn' ich dich den Adlern zu?
Bist du Minervas Liebling U-hu-hu?

54.

Meinem Leser

Ein gut Gebiß und einen guten Magen –
Dies wünsch ich dir!
Und hast du erst mein Buch vertragen,
Verträgst du dich gewiß mit mir!

55.

Der realistische Maler

„Treu die Natur und ganz!" – Wie fängt er's an:
Wann wäre je Natur im Bilde *abgetan*?
Unendlich ist das kleinste Stück der Welt! –
Er malt zuletzt davon, was ihm *gefällt*.
Und was gefällt ihm? Was er malen *kann*!

56.

Dichter-Eitelkeit

Gebt mir Leim nur: denn zum Leime
Find ich selber mir schon Holz!
Sinn in vier unsinnge Reime
Legen – ist kein kleiner Stolz!

57.

Wählerischer Geschmack

Wenn man frei mich wählen ließe,
Wählt ich gern ein Plätzchen mir
Mitten drin im Paradiese:
Gerner noch – vor seiner Tür!

58.

Die krumme Nase

Die Nase schauet trutziglich
Ins Land, der Nüster blähet sich –
Drum fällst du, Nashorn ohne Horn,
Mein stolzes Menschlein, stets nach vorn!
Und stets beisammen findt sich das:
Gerader Stolz, gekrümmte Nas.

59.

Die Feder kritzelt

Die Feder kritzelt: Hölle das!
Bin ich verdammt zum Kritzeln-Müssen? –
So greif ich kühn zum Tintenfaß
Und schreib mit dicken Tintenflüssen.
Wie läuft das hin, so voll, so breit!
Wie glückt mir alles, wie ich's treibe!
Zwar fehlt der Schrift die Deutlichkeit –
Was tut's? Wer liest denn, was ich schreibe?

60.

Höhere Menschen

Der steigt empor – ihn soll man loben!
Doch jener kommt allzeit von oben!
Der lebt dem Lobe selbst enthoben,
Der *ist* von droben!

61.

Der Skeptiker spricht

Halb ist dein Leben um,
Der Zeiger rückt, die Seele schaudert dir!

Lang schweift sie schon herum
Und sucht, und fand nicht – und sie zaudert hier?

Halb ist dein Leben um:
Schmerz war's und Irrtum, Stund um Stund dahier!
Was suchst du noch? *Warum?* – –
Dies eben such ich – Grund um Grund dafür!

62.

Ecce homo

Ja! Ich weiß, woher ich stamme!
Ungesättigt gleich der Flamme
Glühe und verzehr ich mich.
Licht wird alles, was ich fasse,
Kohle alles, was ich lasse:
Flamme bin ich sicherlich.

63.

Sternen-Moral

Vorausbestimmt zur Sternenbahn,
Was geht dich, Stern, das Dunkel an?

Roll selig hin durch diese Zeit!
Ihr Elend sei dir fremd und weit!

Der fernsten Welt gehört dein Schein:
Mitleid soll Sünde für dich sein!

Nur *ein* Gebot gilt dir: sei rein!

LIEDER DES PRINZEN VOGELFREI
(1887)

An Goethe

Das Unvergängliche
Ist nur dein Gleichnis!
Gott, der Verfängliche,
Ist Dichter-Erschleichnis...

Welt-Rad, das rollende,
Streift Ziel auf Ziel:
Not – nennt's der Grollende,
Der Narr nennt's – Spiel...

Welt-Spiel, das herrische
Mischt Sein und Schein: –
Das Ewig-Närrische
Mischt *uns* – hinein!...

Dichters Berufung

Als ich jüngst, mich zu erquicken,
Unter dunklen Bäumen saß,
Hört ich ticken, leise ticken,
Zierlich, wie nach Takt und Maß.
Böse wurd ich, zog Gesichter, –
Endlich aber gab ich nach,

Bis ich gar, gleich einem Dichter,
Selber mit im Ticktack sprach.

Wie mir so im Verse-Machen
Silb um Silb ihr Hopsa sprang,
Mußt ich plötzlich lachen, lachen
Eine Viertelstunde lang.
Du ein Dichter? Du ein Dichter?
Steht's mit deinem Kopf so schlecht?
— „Ja, mein Herr, Sie sind ein Dichter"
Achselzuckt der Vogel Specht.

Wessen harr ich hier im Busche?
Wem doch laur' ich Räuber auf?
Ist's ein Spruch? Ein Bild? Im Husche
Sitzt mein Reim ihm hintendrauf.
Was nur schlüpft und hüpft, gleich sticht der
Dichter sich's zum Vers zurecht.
— „Ja, mein Herr, Sie sind ein Dichter"
Achselzuckt der Vogel Specht.

Reime, mein ich, sind wie Pfeile?
Wie das zappelt, zittert, springt,
Wenn der Pfeil in edle Teile
Des Lazerten-Leibchens dringt!
Ach, ihr sterbt dran, arme Wichter,
Oder taumelt wie bezecht!
— „Ja, mein Herr, Sie sind ein Dichter"
Achselzuckt der Vogel Specht.

Schiefe Sprüchlein voller Eile,
Trunkne Wörtlein, wie sich's drängt!
Bis ihr alle, Zeil an Zeile,
An der Ticktack-Kette hängt.
Und es gibt grausam Gelichter,

Das dies – freut? Sind Dichter – schlecht?
– „Ja, mein Herr, Sie sind ein Dichter"
Achselzuckt der Vogel Specht.

Höhnst du, Vogel? Willst du scherzen?
Steht's mit meinem Kopf schon schlimm,
Schlimmer stünd's mit meinem Herzen?
Fürchte, fürchte meinen Grimm! –
Doch der Dichter – Reime flicht er
Selbst im Grimm noch schlecht und recht.
– „Ja, mein Herr, Sie sind ein Dichter"
Achselzuckt der Vogel Specht.

Im Süden

So häng ich denn auf krummem Aste
Und schaukle meine Müdigkeit.
Ein Vogel lud mich her zu Gaste,
Ein Vogelnest ist's, drin ich raste.
Wo bin ich doch? Ach, weit! Ach, weit!

Das weiße Meer liegt eingeschlafen,
Und purpurn steht ein Segel drauf.
Fels, Feigenbäume, Turm und Hafen,
Idylle rings, Geblök von Schafen, –
Unschuld des Südens, nimm mich auf!

Nur Schritt für Schritt – das ist kein Leben,
Stets Bein vor Bein macht deutsch und schwer.
Ich hieß den Wind mich aufwärts heben,
Ich lernte mit den Vögeln schweben, –
Nach Süden flog ich übers Meer.

Vernunft! Verdrießliches Geschäfte!
Das bringt uns allzubald ans Ziel!
Im Fliegen lernt ich, was mich äffte, –
Schon fühl ich Mut und Blut und Säfte
Zu neuem Leben, neuem Spiel...

Einsam zu denken nenn ich weise,
Doch einsam singen – wäre dumm!
So hört ein Lied zu eurem Preise
Und setzt euch still um mich im Kreise,
Ihr schlimmen Vögelchen, herum!

So jung, so falsch, so umgetrieben
Scheint ganz ihr mir gemacht zum Lieben
Und jedem schönen Zeitvertreib?
Im Norden – ich gesteh's mit Zaudern –
Liebt ich ein Weibchen, alt zum Schaudern:
„Die Wahrheit" hieß dies alte Weib...

Die fromme Beppa

Solang noch hübsch mein Leibchen,
Lohnt sich's schon, fromm zu sein.
Man weiß, Gott liebt die Weibchen,
Die hübschen obendrein.
Er wird's dem armen Mönchlein
Gewißlich gern verzeihn,
Daß er, gleich manchem Mönchlein,
So gern will bei mir sein.

Kein grauer Kirchenvater!
Nein, jung noch und oft rot,
Oft trotz dem grausten Kater

Voll Eifersucht und Not.
Ich liebe nicht die Greise,
Er liebt die Alten nicht:
Wie wunderlich und weise
Hat Gott dies eingericht!

Die Kirche weiß zu leben,
Sie prüft Herz und Gesicht.
Stets will sie mir vergeben, –
Ja, wer vergibt mir nicht!
Man lispelt mit dem Mündchen,
Man knixt und geht hinaus,
Und mit dem neuen Sündchen
Löscht man das alte aus.

Gelobt sei Gott auf Erden,
Der hübsche Mädchen liebt
Und derlei Herzbeschwerden
Sich selber gern vergibt.
Solang noch hübsch mein Leibchen,
Lohnt sich's schon fromm zu sein:
Als altes Wackelweibchen
Mag mich der Teufel frein!

Der geheimnisvolle Nachen

Gestern nachts, als alles schlief,
Kaum der Wind mit ungewissen
Seufzern durch die Gassen lief,
Gab mir Ruhe nicht das Kissen,
Noch der Mohn, noch, was sonst tief
Schlafen macht, – ein gut Gewissen.

Endlich schlug ich mir den Schlaf
Aus dem Sinn und lief zum Strande.
Mondhell war's und mild, ich traf
Mann und Kahn auf warmem Sande,
Schläfrig beide, Hirt und Schaf: –
Schläfrig stieß der Kahn vom Lande.

Eine Stunde, leicht auch zwei,
Oder war's ein Jahr? – da sanken
Plötzlich mir Sinn und Gedanken
In ein ewges Einerlei,
Und ein Abgrund ohne Schranken
Tat sich auf: – da war's vorbei!

– Morgen kam: auf schwarzen Tiefen
steht ein Kahn und ruht und ruht ...
Was geschah? so rief's, so riefen
Hundert bald: was gab es? Blut? – –
Nichts geschah! Wir schliefen, schliefen
Alle – ach, so gut! so gut!

Liebeserklärung

(bei der aber der Dichter in eine Grube fiel –)

O Wunder! Fliegt er noch?
Er steigt empor, und seine Flügel ruhn?
Was hebt und trägt ihn doch?
Was ist ihm Ziel und Zug und Zügel nun?

Gleich Stern und Ewigkeit
Lebt er in Höhn jetzt, die das Leben flieht,
Mitleidig selbst dem Neid –:
Und hoch flog, wer ihn auch nur schweben sieht!

O Vogel Albatros!
Zur Höhe treibt's mit ewgem Triebe mich.
Ich dachte dein: da floß
Mir Trän um Träne, – ja, ich liebe dich!

Lied eines theokritischen Ziegenhirten

Da lieg ich, krank im Gedärm, –
Mich fressen die Wanzen.
Und drüben noch Licht und Lärm!
Ich hör's, sie tanzen ...

Sie wollte um diese Stund
Zu mir sich schleichen.
Ich warte wie ein Hund, –
Es kommt kein Zeichen.

Das Kreuz, als sie's versprach?
Wie konnte sie lügen?
– Oder läuft sie jedem nach,
Wie meine Ziegen?

Woher ihr seidner Rock? –
Ah, meine Stolze?
Es wohnt noch mancher Bock
An diesem Holze?

– Wie kraus und giftig macht
Verliebtes Warten!
So wächst bei schwüler Nacht
Giftpilz im Garten.

Die Liebe zehrt an mir
Gleich sieben Übeln, –
Nichts mag ich essen schier.
Lebt wohl, ihr Zwiebeln!

Der Mond ging schon ins Meer,
Müd sind alle Sterne,
Grau kommt der Tag daher, –
Ich stürbe gerne.

„Diesen ungewissen Seelen"

Diesen ungewissen Seelen
Bin ich grimmig gram.
All ihr Ehren ist ein Quälen,
All ihr Lob ist Selbstverdruß und Scham.

Daß ich nicht an *ihrem* Stricke
Ziehe durch die Zeit,
Dafür grüßt mich ihrer Blicke
Giftig-süßer, hoffnungsloser Neid.

Möchten sie mir herzhaft fluchen
Und die Nase drehn!
Dieser Augen hilflos Suchen
Soll bei mir auf ewig irregehn.

Narr in Verzweiflung

Ach! Was ich schrieb auf Tisch und Wand
Mit Narrenherz und Narrenhand,
Das sollte Tisch und Wand mir zieren? ...

Doch *ihr* sagt: „Narrenhände schmieren, –
Und Tisch und Wand soll man purgieren,
Bis auch die letzte Spur verschwand!"

Erlaubt! Ich lege Hand mit an –,
Ich lernte Schwamm und Besen führen,
Als Kritiker, als Wassermann.

Doch, wenn die Arbeit abgetan,
Säh gern ich euch, ihr Überweisen,
Mit Weisheit Tisch und Wand besch...

Rimus remedium

Oder: Wie kranke Dichter sich trösten

Aus deinem Munde,
Du speichelflüssige Hexe Zeit,
Tropft langsam Stund auf Stunde.
Umsonst, daß all mein Ekel schreit:
 „Fluch, Fluch dem Schlunde
Der Ewigkeit!"

Welt – ist von Erz:
Ein glühender Stier, – der hört kein Schrein.
Mit fliegenden Dolchen schreibt der Schmerz
Mir ins Gebein:
 „Welt hat kein Herz,
Und Dummheit wär's, ihr gram drum sein!"

Gieß alle Mohne,
Gieß Fieber! Gift mir ins Gehirn!
Zu lang schon prüfst du mir Hand und Stirn.

Was frägst du? Was? „Zu welchem – Lohne?"
  – Ha! Fluch der Dirn
Und ihrem Hohne!

  Nein! Komm zurück!
Draußen ist's kalt, ich höre regnen –
Ich sollte dir zärtlicher begegnen?
– Nimm! Hier ist Gold: wie glänzt das Stück! –
  Dich heißen „Glück"?
Dich, Fieber, segnen? –

  Die Tür springt auf!
Der Regen sprüht nach meinem Bette!
Wind löscht das Licht, – Unheil in Hauf!
– Wer jetzt nicht hundert *Reime* hätte,
  Ich wette, wette,
Der ginge drauf!

„Mein Glück!"

Die Tauben von San Marco seh ich wieder:
Still ist der Platz, Vormittag ruht darauf.
In sanfter Kühle schick ich müßig Lieder
Gleich Taubenschwärmen in das Blau hinauf –
  Und locke sie zurück,
Noch einen Reim zu hängen ins Gefieder
– mein Glück! Mein Glück!

Du stilles Himmels-Dach, blau-licht, von Seide,
Wie schwebst du schirmend ob des bunten Baus,
Den ich – was sag ich? – liebe, fürchte, *neide* . . .
Die Seele wahrlich tränk ich gern ihm aus!
  Gäb ich sie je zurück? –

Nein, still davon, du Augen-Wunderweide!
– mein Glück! Mein Glück!

Du strenger Turm, mit welchem Löwendrange
Stiegst du empor hier, siegreich, sonder Müh!
Du überklingst den Platz mit tiefem Klange –:
Französisch wärst du sein *accent aigu*?
 Blieb ich gleich dir zurück,
Ich wüßte, aus welch seidenweichem Zwange...
– mein Glück! Mein Glück!

Fort, fort Musik! Laß erst die Schatten dunkeln
Und wachsen bis zur braunen lauen Nacht!
Zum Tone ist's zu früh am Tag, noch funkeln
Die Gold-Zieraten nicht in Rosen-Pracht,
 Noch blieb viel Tag zurück,
Viel Tag für Dichten, Schleichen, Einsam-Munkeln
– mein Glück! Mein Glück!

Nach neuen Meeren

Dorthin – *will* ich; und ich traue
Mir fortan und meinem Griff.
Offen liegt das Meer, ins Blaue
Treibt mein Genueser Schiff.

Alles glänzt mir neu und neuer,
Mittag schläft auf Raum und Zeit –:
Nur *dein* Auge – ungeheuer
Blickt mich's an, Unendlichkeit!

Sils-Maria

Hier saß ich, wartend, wartend, – doch auf nichts,
Jenseits von Gut und Böse, bald des Lichts
Genießend, bald des Schattens, ganz nur Spiel,
Ganz See, ganz Mittag, ganz Zeit ohne Ziel.
 Da, plötzlich, Freundin! wurde eins zu zwei –
 – Und Zarathustra ging an mir vorbei ...

An den Mistral

Ein Tanzlied

Mistral-Wind, du Wolken-Jäger,
Trübsal-Mörder, Himmels-Feger,
Brausender, wie lieb ich dich!
Sind wir zwei nicht eines Schoßes
Erstlingsgabe, eines Loses
Vorbestimmte ewiglich?

Hier auf glatten Felsenwegen
Lauf ich tanzend dir entgegen,
Tanzend, wie du pfeifst und singst:
Der du ohne Schiff und Ruder
Als der Freiheit freister Bruder
Über wilde Meere springst.

Kaum erwacht, hört ich dein Rufen,
Stürmte zu den Felsenstufen,
Hin zur gelben Wand am Meer.
Heil! Da kamst du schon gleich hellen
Diamantnen Stromesschnellen
Sieghaft von den Bergen her.

Auf den ebnen Himmels-Tennen
Sah ich deine Rosse rennen,
Sah den Wagen, der dich trägt,
Sah die Hand dir selber zücken,
Wenn sie auf der Rosse Rücken
Blitzesgleich die Geißel schlägt, –

Sah dich aus dem Wagen springen,
Schneller dich hinabzuschwingen,
Sah dich wie zum Pfeil verkürzt
Senkrecht in die Tiefe stoßen, –
Wie ein Goldstrahl durch die Rosen
Erster Morgenröten stürzt.

Tanze nun auf tausend Rücken,
Wellen-Rücken, Wellen-Tücken –
Heil, wer *neue* Tänze schafft!
Tanzen wir in tausend Weisen,
Frei – sei *unsre* Kunst geheißen,
Fröhlich – *unsre* Wissenschaft!

Raffen wir von jeder Blume
Eine Blüte uns zum Ruhme
Und zwei Blätter noch zum Kranz!
Tanzen wir gleich Troubadouren
Zwischen Heiligen und Huren,
Zwischen Gott und Welt den Tanz!

Wer nicht tanzen kann mit Winden,
Wer sich wickeln muß mit Binden,
Angebunden, Krüppel-Greis,
Wer da gleicht den Heuchel-Hänsen,
Ehren-Tölpeln, Tugend-Gänsen,
Fort aus unsrem Paradeis!

Wirbeln wir den Staub der Straßen
Allen Kranken in die Nasen,
Scheuchen wir die Kranken-Brut!
Lösen wir die ganze Küste
Von dem Odem dürrer Brüste,
Von den Augen ohne Mut!

Jagen wir die Himmels-Trüber,
Welten-Schwärzer, Wolken-Schieber,
Hellen wir das Himmelreich!
Brausen wir ... o aller freien
Geister Geist, mit dir zu zweien
Braust mein Glück dem Sturme gleich. –

– Und daß ewig das Gedächtnis
Solchen Glücks, nimm sein Vermächtnis,
Nimm den *Kranz* hier mit hinauf!
Wirf ihn höher, ferner, weiter,
Stürm empor die Himmelsleiter,
Häng ihn – an den Sternen auf!

DIONYSOS-DITHYRAMBEN
(1888)

Nur Narr! Nur Dichter!

Bei abgehellter Luft,
wenn schon des Taus Tröstung
zur Erde niederquillt,
unsichtbar, auch ungehört
– denn zartes Schuhwerk trägt
der Tröster Tau gleich allen Trostmilden –
gedenkst du da, gedenkst du, heißes Herz,
wie einst du durstetest,
nach himmlischen Tränen und Taugeträufel
versengt und müde durstetest,
dieweil auf gelben Graspfaden
boshaft abendliche Sonnenblicke
durch schwarze Bäume um dich liefen,
blendende Sonnen-Glutblicke, schadenfrohe.

„Der *Wahrheit* Freier – du?" so höhnten sie –
„Nein! nur ein Dichter!
ein Tier, ein listiges, raubendes, schleichendes,
das lügen muß,
das wissentlich, willentlich lügen muß,
nach Beute lüstern,
bunt verlarvt,
sich selbst zur Larve,
sich selbst zur Beute,
das – der Wahrheit Freier? ...

Nur Narr! nur Dichter!
Nur Buntes redend,
aus Narrenlarven bunt herausredend,
herumsteigend auf lügnerischen Wortbrücken,
auf Lügen-Regenbogen
zwischen falschen Himmeln
herumschweifend, herumschleichend –
nur Narr! *nur* Dichter! ...

Das – der Wahrheit Freier? ...
Nicht still, starr, glatt, kalt,
zum Bilde worden,
zur Gottes-Säule,
nicht aufgestellt vor Tempeln,
eines Gottes Türwart:
nein! feindselig solchen Tugend-Standbildern,
in jeder Wildnis heimischer als in Tempeln,
voll Katzen-Mutwillens
durch jedes Fenster springend
husch! in jeden Zufall,
jedem Urwalde zuschnüffelnd,
daß du in Urwäldern
unter buntzottigen Raubtieren
sündlich gesund und schön und bunt liefest,
mit lüsternen Lefzen,
selig-höhnisch, selig-höllisch, selig-blutgierig,
raubend, schleichend, *lügend* liefest ...

Oder dem Adler gleich, der lange,
lange starr in Abgründe blickt,
in *seine* Abgründe ...
– o wie sie sich hier hinab,
hinunter, hinein,
in immer tiefere Tiefen ringeln! –

Dann,
plötzlich,
geraden Flugs,
gezückten Zugs
auf *Lämmer* stoßen,
jach hinab, heißhungrig,
nach Lämmern lüstern,
gram allen Lamms-Seelen,
grimmig gram allem, was blickt
tugendhaft, schafmäßig, krauswollig,
dumm, mit Lammsmilch-Wohlwollen ...

Also
adlerhaft, pantherhaft
sind des Dichters Sehnsüchte,
sind *deine* Sehnsüchte unter tausend Larven,
du Narr! du Dichter! ...

Der du den Menschen schautest
so *Gott* als *Schaf* –,
den Gott *zerreißen* im Menschen
wie das Schaf im Menschen
und zerreißend *lachen* –

das, das ist deine Seligkeit,
eines Panthers und Adlers Seligkeit,
eines Dichters und Narren Seligkeit!" ...

Bei abgehellter Luft,
wenn schon des Monds Sichel
grün zwischen Purpurröten
und neidisch hinschleicht,
– dem Tage feind,
mit jedem Schritte heimlich
an Rosen-Hängematten

hinsichelnd, bis sie sinken,
nachtabwärts blaß hinabsinken:

so sank ich selber einstmals
aus meinem Wahrheits-Wahnsinne,
aus meinen Tages-Sehnsüchten,
des Tages müde, krank vom Lichte,
– sank abwärts, abendwärts, schattenwärts,
von einer Wahrheit
verbrannt und durstig
– gedenkst du noch, gedenkst du, heißes Herz,
wie da du durstetest? –
daß ich verbannt sei
von aller Wahrheit!
Nur Narr! *Nur* Dichter! ...

Die Wüste wächst: weh dem, der Wüsten birgt ...

Ha!
Feierlich!
ein würdiger Anfang!
afrikanisch feierlich!
eines Löwen würdig
oder eines moralischen Brüllaffen ...
– aber nichts für euch,
ihr allerliebsten Freundinnen,
zu deren Füßen mir,
einem Europäer unter Palmen,
zu sitzen vergönnt ist. Sela.

Wunderbar wahrlich!
Da sitze ich nun,
der Wüste nahe und bereits
so ferne wieder der Wüste,

auch in nichts noch verwüstet:
nämlich hinabgeschluckt
von dieser kleinen Oasis
– sie sperrte gerade gähnend
ihr liebliches Maul auf,
das wohlriechendste aller Mäulchen:
da fiel ich hinein,
hinab, hindurch – unter euch,
ihr allerliebsten Freundinnen! Sela.

Heil, Heil jenem Walfische,
wenn er also es seinem Gaste
wohlsein ließ! – ihr versteht
meine gelehrte Anspielung? ...
Heil seinem Bauche,
wenn es also
ein so lieblicher Oasis-Bauch war,
gleich diesem: was ich aber in Zweifel ziehe.
Dafür komme ich aus Europa,
das zweifelsüchtiger ist als alle Eheweibchen.
Möge Gott es bessern!
Amen.

Da sitze ich nun,
in dieser kleinsten Oasis,
einer Dattel gleich,
braun, durchsüßt, goldschwürig,
lüstern nach einem runden Mädchen-Maule,
mehr aber noch nach mädchenhaften
eiskalten schneeweißen schneidigen
Beißzähnen: nach denen nämlich
lechzt das Herz allen heißen Datteln. Sela.

Den genannten Südfrüchten
ähnlich, allzuähnlich
liege ich hier, von kleinen

Flügelkäfern
umtänzelt und umspielt,
insgleichen von noch kleineren
törichteren boshafteren
Wünschen und Einfällen, –
umlagert von euch,
ihr stummen, ihr ahnungsvollen
Mädchen-Katzen
Dudu und Suleika
– *umsphinxt*, daß ich in ein Wort
viel Gefühle stopfe
(– vergebe mir Gott
diese Sprachsünde! . . .)
– sitze hier, die beste Luft schnüffelnd,
Paradieses-Luft wahrlich,
lichte leichte Luft, goldgestreifte,
so gute Luft nur je
vom Monde herabfiel,
sei es aus Zufall
oder geschah es aus Übermute?
wie die alten Dichter erzählen.
Ich Zweifler aber ziehe es in Zweifel,
dafür komme ich
aus Europa,
das zweifelsüchtiger ist als alle Eheweibchen.
Möge Gott es bessern!
Amen.

Diese schönste Luft atmend,
mit Nüstern geschwellt gleich Bechern,
ohne Zukunft, ohne Erinnerungen,
so sitze ich hier, ihr
allerliebsten Freundinnen,
und sehe der Palme zu,
wie sie, einer Tänzerin gleich,

sich biegt, und schmiegt und in der Hüfte wiegt
– man tut es mit, sieht man lange zu . . .
einer Tänzerin gleich, die, wie mir scheinen will,
zu lange schon, gefährlich lange
immer, immer nur auf *einem* Beinchen stand?
– da vergaß sie darob, wie mir scheinen will,
das *andre* Beinchen?
Vergebens wenigstens
suchte ich das vermißte
Zwillings-Kleinod
– nämlich das andre Beinchen –
in der heiligen Nähe
ihres allerliebsten, allerzierlichsten
Fächer- und Flatter- und Flitter-Röckchens.
Ja, wenn ihr mir, ihr schönen Freundinnen,
ganz glauben wollt:
sie hat es *verloren* . . .
Hu! Hu! Hu! Hu! Huh! . . .
Es ist dahin,
auf ewig dahin,
das andre Beinchen!
O schade um dies liebliche andre Beinchen!
Wo – mag es wohl weilen und verlassen trauern,
dieses einsame Beinchen?
In Furcht vielleicht vor einem
grimmen gelben blondgelockten
Löwen-Untiere? oder gar schon
abgenagt, abgeknappert –
erbärmlich! wehe! wehe! abgeknabbert! Sela.

O weint mir nicht,
weiche Herzen!
Weint mir nicht, ihr
Dattel-Herzen! Milch-Busen!
Ihr Süßholz-Herz-

Beutelchen!
Sei ein Mann, Suleika! Mut! Mut!

Weine nicht mehr,
bleiche Dudu!
— Oder sollte vielleicht
etwas Stärkeres, Herz-Stärkendes
hier am Platze sein?
ein gesalbter Spruch?
ein feierlicher Zuspruch? ...

Ha!
Herauf, Würde!
Blase, blase wieder,
Blasebalg der Tugend!
Ha!
Noch einmal brüllen,
moralisch brüllen,
als moralischer Löwe vor den Töchtern der Wüste
                                                                     brüllen!
— Denn Tugend-Geheul,
ihr allerliebsten Mädchen,
ist mehr als alles
Europäer-Inbrunst, Europäer-Heißhunger!
Und da stehe ich schon,
als Europäer,
ich kann nicht anders, Gott helfe mir!
Amen!

*

Die Wüste wächst: weh dem, der Wüsten birgt!
Stein knirscht an Stein, die Wüste schlingt und
                                                                    würgt.
Der ungeheure Tod blickt glühend braun
und *kaut* —, sein Leben ist sein Kaun ...

Vergiß nicht, Mensch, den Wollust ausgeloht:
du – bist der Stein, die Wüste, bist der Tod ...

Letzter Wille

So sterben,
wie ich ihn einst sterben sah –,
den Freund, der Blitze und Blicke
göttlich in meine dunkle Jugend warf:
– mutwillig und tief,
in der Schlacht ein Tänzer –,

unter Kriegern der Heiterste,
unter Siegern der Schwerste,
auf seinem Schicksal ein Schicksal stehend,
hart, nachdenklich, vordenklich –:

erzitternd darob, *daß* er siegte,
jauchzend darüber, daß er *sterbend* siegte –:

befehlend, indem er starb,
– und er befahl, daß man *vernichte* ...

So sterben,
wie ich ihn einst sterben sah:
siegend, *vernichtend* ...

Zwischen Raubvögeln

Wer hier hinab will,
wie schnell
schluckt den die Tiefe!

– Aber du, Zarathustra,
liebst den Abgrund noch,
tust der *Tanne* es gleich? –

Die schlägt Wurzeln, wo
der Fels selbst schaudernd
zur Tiefe blickt –,
die zögert an Abgründen,
wo alles rings
hinunter will:
zwischen der Ungeduld
wilden Gerölls, stürzenden Bachs
geduldig duldend, hart, schweigsam,
einsam...

Einsam!
Wer wagte es auch,
hier zu Gast zu sein,
dir Gast zu sein?...
Ein Raubvogel vielleicht,
der hängt sich wohl
dem standhaften Dulder
schadenfroh ins Haar,
mit irrem Gelächter,
einem Raubvogel-Gelächter...

Wozu so standhaft?
– höhnt er grausam:
man muß Flügel haben, wenn man den
                          Abgrund liebt...
man muß nicht hängenbleiben,
wie du, Gehängter! –

O Zarathustra,
grausamster Nimrod!

Jüngst Jäger noch Gottes,
das Fangnetz aller Tugend,
der Pfeil des Bösen! –
Jetzt –
von dir selber erjagt,
deine eigene Beute,
in dich selber eingebohrt ...

Jetzt –
einsam mit dir,
zwiesam im eignen Wissen,
zwischen hundert Spiegeln
vor dir selber falsch,
zwischen hundert Erinnerungen
ungewiß,
an jeder Wunde müd,
an jedem Froste kalt,
in eignen Stricken gewürgt,
Selbstkenner!
Selbsthenker!

Was bandest du dich
mit dem Strick deiner Weisheit?
Was locktest du dich
ins Paradies der alten Schlange?
Was schlichst du dich ein
in *dich* – in *dich*? ...

Ein Kranker nun,
der an Schlangengift krank ist;
ein Gefangner nun,
der das härteste Los zog:
im eignen Schachte
gebückt arbeitend,
in dich selber eingehöhlt,

dich selber angrabend,
unbehilflich,
steif,
ein Leichnam –,
von hundert Lasten übertürmt,
von dir überlastet,
ein *Wissender*!
ein *Selbsterkenner*!
der *weise* Zarathustra!...

Du suchtest die schwerste Last:
da fandest du *dich* –,
du wirfst dich nicht ab von dir...

Lauernd,
kauernd,
einer, der schon nicht mehr aufrecht steht!
Du verwächst mir noch mit deinem Grabe,
verwachsener Geist!...

Und jüngst noch so stolz,
auf allen Stelzen deines Stolzes!
Jüngst noch der Einsiedler ohne Gott,
der Zweisiedler mit dem Teufel,
der scharlachne Prinz jedes Übermuts!...

Jetzt –
zwischen zwei Nichtse
eingekrümmt,
ein Fragezeichen,
ein müdes Rätsel –
ein Rätsel für *Raubvögel*...
– sie werden dich schon „lösen",
sie hungern schon nach deiner „Lösung",
sie flattern schon um dich, ihr Rätsel,

um dich, Gehenkter! ...
O Zarathustra! ...
Selbstkenner! ...
Selbsthenker! ...

Das Feuerzeichen

Hier, wo zwischen Meeren die Insel wuchs,
ein Opferstein jäh hinaufgetürmt,
hier zündet sich unter schwarzem Himmel
Zarathustra seine Höhenfeuer an, –
Feuerzeichen für verschlagne Schiffer,
Fragezeichen für solche, die Antwort haben ...

Diese Flamme mit weißgrauem Bauche
– in kalte Fernen züngelt ihre Gier,
nach immer reineren Höhen biegt sie den Hals –
eine Schlange gerad aufgerichtet vor Ungeduld:
dieses Zeichen stellte ich vor mich hin.

Meine Seele selber ist diese Flamme:
unersättlich nach neuen Fernen
lodert aufwärts, aufwärts ihre stille Glut.
Was floh Zarathustra vor Tier und Menschen?
Was entlief er jäh allem festen Lande?
Sechs Einsamkeiten kennt er schon –,
aber das Meer selbst war nicht genug ihm einsam,
die Insel ließ ihn steigen, auf dem Berg wurde er
                              zur Flamme,
nach einer *siebenten* Einsamkeit
wirft er suchend jetzt die Angel über sein Haupt.

Verschlagne Schiffer! Trümmer alter Sterne!
Ihr Meere der Zukunft! Unausgeforschte Himmel!
nach allem Einsamen werfe ich jetzt die Angel:
gebt Antwort auf die Ungeduld der Flamme,
fangt mir, dem Fischer auf hohen Bergen,
meine siebente, *letzte* Einsamkeit! – –

Die Sonne sinkt

1.

Nicht lange durstest du noch,
    verbranntes Herz!
Verheißung ist in der Luft,
aus unbekannten Mündern bläst mich's an,
  – die große Kühle kommt ...

Meine Sonne stand heiß über mir im Mittage:
seid mir gegrüßt, daß ihr kommt,
    ihr plötzlichen Winde,
ihr kühlen Geister des Nachmittags!

Die Luft geht fremd und rein.
Schielt nicht mit schiefem
    Verführerblick
die Nacht mich an? ...
Bleib stark, mein tapfres Herz!
Frag nicht: warum? –

2.

Tag meines Lebens!
die Sonne sinkt.
Schon steht die glatte
    Flut vergüldet.

Warm atmet der Fels:
    schlief wohl zu Mittag
das Glück auf ihm seinen Mittagsschlaf? –
    In grünen Lichtern
spielt Glück noch der braune Abgrund herauf.

Tag meines Lebens!
gen Abend geht's!
Schon glüht dein Auge
    halbgebrochen,
schon quillt deines Taus
    Tränengeträufel,
schon läuft still über weiße Meere
deiner Liebe Purpur,
deine letzte zögernde Seligkeit.

3.

Heiterkeit, güldene, komm!
    du des Todes
heimlichster, süßester Vorgenuß!
– Lief ich zu rasch meines Wegs?
Jetzt erst, wo der Fuß müde ward,
    holt dein Blick mich noch ein,
    holt dein *Glück* mich noch ein.

Rings nur Welle und Spiel.
    Was je schwer war,
sank in blaue Vergessenheit –
müßig steht nun mein Kahn.
Sturm und Fahrt – wie verlernt er das!
    Wunsch und Hoffen ertrank,
    glatt liegt Seele und Meer.

Siebente Einsamkeit!
    Nie empfand ich

näher mir süße Sicherheit,
wärmer der Sonne Blick.
– Glüht nicht das Eis meiner Gipfel noch?
    Silbern, leicht, ein Fisch
    schwimmt nun mein Nachen hinaus...

Klage der Ariadne

Wer wärmt mich, wer liebt mich noch?
    Gebt heiße Hände!
    gebt Herzens-Kohlenbecken!
Hingestreckt, schaudernd,
Halbtotem gleich, dem man die Füße wärmt,
geschüttelt ach! von unbekannten Fiebern,
zitternd vor spitzen eisigen Frostpfeilen,
    von dir gejagt, Gedanke!
Unnennbarer! Verhüllter, Entsetzlicher!
    Du Jäger hinter Wolken!
Darniedergeblitzt von dir,
du höhnisch Auge, das mich aus Dunklem anblickt!
    So liege ich,
biege mich, winde mich, gequält
von allen ewigen Martern,
    getroffen
von dir, grausamster Jäger,
du unbekannter – *Gott* ...

Triff tiefer!
Triff einmal noch!
Zerstich, zerstich dies Herz!
Was soll dies Martern
mit zähnestumpfen Pfeilen?

Was blickst du wieder,
der Menschen-Qual nicht müde,
mit schadenfrohen Götter-Blitz-Augen?
Nicht töten willst du,
nur martern, martern?
Wozu – *mich* martern,
du schadenfroher unbekannter Gott?
Haha!
du schleichst heran
bei solcher Mitternacht?...
Was willst du?
Sprich!
Du drängst mich, drückst mich,
Ha! schon viel zu nahe!
Du hörst mich atmen,
du behorchst mein Herz,
du Eifersüchtiger!
– worauf doch eifersüchtig?
Weg! Weg!
wozu die Leiter?
willst du *hinein,*
ins Herz, einsteigen,
in meine heimlichsten
Gedanken einsteigen?
Schamloser! Unbekannter! Dieb!
Was willst du dir erstehlen?
Was willst du dir erhorchen?
Was willst du dir erfoltern,
du Folterer
du – Henker-Gott!
Oder soll ich, dem Hunde gleich,
vor dir mich wälzen?
Hingebend, begeistert außer mir
dir Liebe – zuwedeln?

Umsonst!
Stich weiter!
Grausamster Stachel!
Kein Hund – dein Wild nur bin ich,
grausamster Jäger!
deine stolzeste Gefangne,
du Räuber hinter Wolken...
Sprich endlich!
Du Blitz-Verhüllter! Unbekannter! sprich!
Was willst du, Wegelagerer, von – *mir*?...

Wie?
Lösegeld?
Was willst du Lösegelds?
Verlange viel – das rät mein Stolz!
und rede kurz – das rät mein andrer Stolz!
Haha!
Mich – willst du? mich?
mich – ganz?...

Haha?
Und marterst mich, Narr, der du bist,
zermarterst meinen Stolz?
Gib *Liebe* mir – wer wärmt mich noch?
    wer liebt mich noch?
gib heiße Hände,
gib Herzens-Kohlenbecken,
gib mir, der Einsamsten,
die Eis, ach! siebenfaches Eis
nach Feinden selber,
nach Feinden schmachten lehrt,
gib, ja ergib,
grausamster Feind,
mir – *dich*!...
Davon!

Da floh er selber,
mein einziger Genoß,
mein großer Feind,
mein Unbekannter,
mein Henker-Gott!...

Nein!
komm zurück!
Mit allen deinen Martern!
All meine Tränen laufen
zu dir den Lauf
und meine letzte Herzensflamme
dir glüht sie auf.
O komm zurück,
mein unbekannter Gott! mein *Schmerz!*
    mein letztes Glück!...

Ein Blitz. Dionysos wird in smaragdener Schönheit sichtbar.

Dionysos:

Sei klug, Ariadne!...
Du hast kleine Ohren, du hast meine Ohren:
steck ein kluges Wort hinein! –
Muß man sich nicht erst hassen, wenn man sich
                  lieben soll?...
Ich bin dein Labyrinth...

Ruhm und Ewigkeit

1.

Wie lange sitzest du schon
    auf deinem Mißgeschick?
Gib acht! du brütest mir noch
    ein Ei,
    ein Basilisken-Ei
aus deinem langen Jammer aus.

Was schleicht Zarathustra entlang dem Berge? –

Mißtrauisch, geschwürig, düster,
ein langer Lauerer –,
aber plötzlich, ein Blitz,
hell, furchtbar, ein Schlag
gen Himmel aus dem Abgrund:
– dem Berge selber schüttelt sich
das Eingeweide...

Wo Haß und Blitzstrahl
eins ward, ein *Fluch* –,
auf den Bergen haust jetzt Zarathustras Zorn,
eine Wetterwolke schleicht er seines Wegs.

Verkrieche sich, wer eine letzte Decke hat!
Ins Bett mit euch, ihr Zärtlinge!
Nun rollen Donner über die Gewölbe,
nun zittert, was Gebälk und Mauer ist,
nun zucken Blitze und schwefelgelbe Wahrheiten –
    Zarathustra *flucht*...

2.

Diese Münze, mit der
alle Welt bezahlt,

Ruhm –,
mit Handschuhen fasse ich diese Münze an,
mit Ekel trete ich sie *unter* mich.

Wer will bezahlt sein?
Die Käuflichen ...
Wer *feil* steht, greift
mit fetten Händen
nach diesem Allerwelts-Blechklingklang Ruhm!

– *Willst* du sie kaufen?
Sie sind alle käuflich.
Aber biete viel!
klingle mit vollem Beutel!
– du *stärkst* sie sonst,
du stärkst sonst ihre *Tugend* ...

Sie sind alle tugendhaft.
Ruhm und Tugend – das reimt sich.
Solange die Welt lebt,
zahlt sie Tugend-Geplapper
mit Ruhm-Geklapper –,
die Welt *lebt* von diesem Lärm ...

Vor allen Tugendhaften
    will ich schuldig sein,
schuldig heißen mit jeder großen Schuld!
Vor allen Ruhms-Schalltrichtern
wird mein Ehrgeiz zum Wurm –,
unter solchen gelüstet's mich,
der *Niedrigste* zu sein ...

Diese Münze, mit der
alle Welt bezahlt,
Ruhm –,

mit Handschuhen fasse ich diese Münze an,
mit Ekel trete ich sie *unter* mich.

3.

Still! –
Von großen Dingen – ich *sehe* Großes! –
soll man schweigen
oder groß reden:
rede groß, meine entzückte Weisheit!

Ich sehe hinauf –
dort rollen Lichtmeere:
o Nacht, o Schweigen, o totenstiller Lärm!...
Ich sehe ein Zeichen –,
aus fernsten Fernen
sinkt langsam funkelnd ein Sternbild gegen mich..

4.

Höchstes Gestirn des Seins!
Ewiger Bildwerke Tafel!
Du kommst zu mir? –
Was keiner erschaut hat,
deine stumme Schönheit –
wie? sie flieht vor meinen Blicken nicht? –

Schild der Notwendigkeit!
Ewiger Bildwerke Tafel!
– aber du weißt es ja:
was alle hassen,
was allein *ich* liebe:
– daß *du ewig* bist!
daß du *notwendig* bist! –
meine Liebe entzündet
sich ewig nur an der Notwendigkeit.

Schild der Notwendigkeit!
Höchstes Gestirn des Seins!
– das kein Wunsch erreicht,
– das kein Nein befleckt,
ewiges Ja des Seins,
ewig bin ich dein Ja:
denn ich liebe dich, o Ewigkeit! – –

Von der Armut des Reichsten

Zehn Jahre dahin –,
kein Tropfen erreichte mich,
kein feuchter Wind, kein Tau der Liebe
– ein *regenloses* Land ...
Nun bitte ich meine Weisheit,
nicht geizig zu werden in dieser Dürre:
ströme selber über, träufle selber Tau,
sei selber Regen der vergilbten Wildnis!

Einst hieß ich die Wolken
fortgehn von meinen Bergen, –
einst sprach ich „mehr Licht, ihr Dunklen!"
Heut locke ich sie, daß sie kommen:
macht Dunkel um mich mit euren Eutern!
– ich will euch melken,
ihr Kühe der Höhe!
Milchwarme Weisheit, süßen Tau der Liebe
ströme ich über das Land.

Fort, fort, ihr Wahrheiten,
die ihr düster blickt!
Nicht will ich auf meinen Bergen
herbe ungeduldige Wahrheiten sehn.

Vom Lächeln vergüldet
nahe mir heut die Wahrheit,
von der Sonne gesüßt, von der Liebe gebräunt, –
eine *reife* Wahrheit breche ich allein vom Baum.

Heut strecke ich die Hand aus
nach den Locken des Zufalls,
klug genug, den Zufall
einem Kinde gleich zu führen, zu überlisten.
Heut will ich gastfreundlich sein
gegen Unwillkommnes,
gegen das Schicksal selbst will ich nicht stachlicht sein,
– Zarathustra ist kein Igel.

Meine Seele,
unersättlich mit ihrer Zunge,
an alle guten und schlimmen Dinge hat sie schon
                                              geleckt,
in jede Tiefe tauchte sie hinab.
Aber immer gleich dem Korke,
immer schwimmt sie wieder obenauf,
sie gaukelt wie Öl über braune Meere:
dieser Seele halber heißt man mich den Glücklichen.

Wer sind mir Vater und Mutter?
Ist nicht mir Vater Prinz Überfluß
und Mutter das stille Lachen?
Erzeugte nicht dieser beiden Ehebund
mich Rätseltier,
mich Lichtunhold,
mich Verschwender aller Weisheit, Zarathustra?

Krank heute vor Zärtlichkeit,
ein Tauwind,

sitts Zarathustra wartend, wartend auf seinen
                              Bergen, –
im eignen Safte
süß geworden und gekocht,
unterhalb seines Gipfels,
unterhalb seines Eises,
müde und selig,
ein Schaffender an seinem siebenten Tag.

– Still!
Eine Wahrheit wandelt über mir
einer Wolke gleich, –
mit unsichtbaren Blitzen trifft sie mich.
Auf breiten langsamen Treppen
steigt ihr Glück zu mir:
komm, komm, geliebte Wahrheit!

– Still!
Meine Wahrheit ist's! –
Aus zögernden Augen,
aus samtenen Schaudern
trifft mich ihr Blick,
lieblich, bös, ein Mädchenblick...
Sie erriet meines Glückes *Grund*,
sie erriet *mich* – ha! was sinnt sie aus? –
Purpurn lauert ein Drache
im Abgrunde ihres Mädchenblicks.

– Still! Meine Wahrheit *redet*! –

Wehe dir, Zarathustra!
Du siehst aus, wie einer,
der Gold verschluckt hat:
man wird dir noch den Bauch aufschlitzen!...

Zu reich bist du,
du Verderber vieler!
Zu viele machst *du* neidisch,
zu viele machst du arm ...
Mir selber wirft dein Licht Schatten –,
es fröstelt mich: geh weg, du Reicher,
geh, Zarathustra, weg aus deiner Sonne! ...

Du möchtest schenken, wegschenken deinen Überfluß,
aber du selber bist der Überflüssigste!
Sei klug, du Reicher!
Verschenke dich selber erst, o Zarathustra!

Zehn Jahre dahin –,
und kein Tropfen erreichte dich?
kein feuchter Wind? kein Tau der Liebe?
Aber wer *sollte* dich auch lieben,
du Überreicher?
Dein Glück macht rings trocken,
macht arm an Liebe
– ein *regenloses* Land ...

Niemand dankt dir mehr.
Du aber dankst jedem,
der von dir nimmt:
daran erkenne ich dich,
du Überreicher,
du *Ärmster* aller Reichen!

Du opferst dich, dich *quält* dein Reichtum –,
du gibst dich ab,
du schonst dich nicht, du liebst dich nicht:
die große Qual zwingt dich allezeit,
die Qual *übervoller* Scheuern, *übervollen* Herzens –
aber niemand dankt dir mehr ...

Du mußt *ärmer* werden,
weiser Unweiser!
willst du geliebt sein.
Man liebt nur die Leidenden,
man gibt Liebe nur dem Hungernden:
verschenke dich selbst erst, o Zarathustra!

– Ich bin deine Wahrheit...

AUS DEM UMKREIS DER
DIONYSOS-DITHYRAMBEN
(1882–1888)

1.

Zürnt mir nicht, daß ich schlief:
ich war nur müde, ich war nicht tot.
Meine Stimme klang böse;
aber bloß Schnarchen und Schnaufen
war's, der Gesang eines Müden:
kein Willkomm dem Tode,
keine Grabes-Lockung.

2.

Noch rauscht die Wetterwolke:
aber schon hängt
glitzernd, still, schwer
Zarathustras Reichtum über die Felder hin.

3.

Auf Höhen bin ich heimisch,
nach Höhen verlangt mich nicht.
Ich hebe die Augen nicht empor;
ein Niederschauender bin ich,
einer, der segnen muß:
alle Segnenden schauen nieder ...

4.

Ist für solchen Ehrgeiz
diese Erde nicht zu klein?

5.

Alles gab ich weg,
all mein Hab und Gut:
Nichts bleibt mir mehr zurück
als du, große Hoffnung!

6.

Was geschieht? fällt das Meer?
Nein, mein Land wächst!
Eine neue Glut hebt es empor!

7.

Mein Jenseits-Glück!
Was heut mir Glück ist,
wirft Schatten in seinem Lichte.

8.

Diese heitere Tiefe!
Was Stern sonst hieß,
zum Flecken wurde es.

9.

Ihr steifen Weisen,
mir ward alles Spiel.

10.

Brause, Wind, brause!
Nimm alles Behagen von mir!

11.

Damit begann ich:
ich verlernte das Mitgefühl mit *mir*!

12.

Trümmer von Sternen:
aus diesen Trümmern baute ich eine Welt.

13.

Nicht, daß du Götzen umwarfst:
daß du den Götzendiener in *dir* umwarfst,
das war dein Mut.

14.

Da stehn sie da,
die schweren granitnen Katzen,
die Werte aus Urzeiten:
wehe, wie willst du *die* umwerfen?

. . . .

Kratzkatzen
mit gebundenen Pfoten,
da sitzen sie
und blicken Gift.

15.

An dieser steinernen Schönheit
kühlt sich mein heißes Herz.

16.

Wahrheiten, die noch kein Lächeln
vergüldet hat,
grüne herbe ungeduldige Wahrheiten
sitzen um mich herum.

. . . .

Wahrheiten für unsere Füße!
Wahrheiten, nach denen sich tanzen läßt!

17.

Ein Blitz wurde meine Weisheit;
mit diamantenem Schwerte durchhieb sie mir jede
                              Finsternis!

18.

Dieses höchste Hindernis,
den Gedanken der Gedanken,
wer schuf ihn sich?
Das Leben selber schuf sich
sein höchstes Hindernis:
über seinen Gedanken selber springt es
                        nunmehr hinweg.

. . . .

An diesem Gedanken
ziehe ich alle Zukunft.

19.

Ein Gedanke,
jetzt noch heiß-flüssig, Lava:
aber jede Lava baut
um sich selbst eine Burg,
jeder Gedanke erdrückt
sich zuletzt mit „Gesetzen".

20.

So ist's jetzt mein Wille:
und seit das mein Wille ist,
geht alles mir auch nach Wunsche –
dies war meine letzte Klugheit:
ich wollte *das*, was ich muß:
damit zwang ich mir jedes „Muß" ...
seitdem gibt es für mich kein „Muß" ...

21.

Rate, Rätselfreund,
wo weilt jetzt meine Tugend?
Sie lief mir davon,
sie fürchtete die Arglist
meiner Angeln und Netze.

22.

Ein Wolf selbst zeugte für mich
und sprach: „du heulst besser noch als wir Wölfe."

23.

Täuschen –
das ist im Kriege alles.
Die Haut des Fuchses:
sie ist mein heimliches Panzerhemd.

24.

Wo Gefahr ist,
da bin ich daheim,
da wachse ich aus der Erde.

25.

Nach neuen Schätzen wühlen wir,
wir neuen Unterirdischen:
gottlos schien es den Alten einst,
nach Schätzen aufzustören der Erde Eingeweide;
von neuem gibt es solche Gottlosigkeit:
hört ihr nicht aller Tiefen Bauchgrimmen-Gepolter?

26.

Die Sphinx

Hier sitzest du, unerbittlich
wie meine Neubegier,
die mich zu dir zwang:
wohlan, Sphinx,
ich bin ein Fragender, gleich dir;
dieser Abgrund ist uns gemeinsam –
es wäre möglich, daß wir mit *einem* Munde redeten!

27.

Ich bin einer, dem man Schwüre schwört:
schwört mir dies!

28.

Nach Liebe suchen — und immer die *Larven*,
die verfluchten Larven finden und zerbrechen müssen!

29.

Liebe ich euch?
So liebt der Reiter sein Pferd:
es trägt ihn zu seinem Ziele.

30.

Sein Mitleid ist hart,
sein Liebesdruck zerdrückt:
gebt einem Riesen nicht die Hand!

31.

Ihr fürchtet mich?
Ihr fürchtet den gespannten Bogen?
Wehe, es könnte einer seinen Pfeil darauf legen!

32.

„Neue Nächte hülltest du um dich,
neue Wüsten erfand dein Löwenfuß."

33.

Ich bin nur ein Worte-Macher:
was liegt an Worten!
Was liegt an mir!

34.

Ach, meine Freunde:
wohin ist, was man „gut" hieß!

Wohin sind alle „Guten"!
Wohin, wohin ist die Unschuld aller dieser Lügen!
. . . .
Alles heiße ich gut,
Laub und Gras, Glück, Segen und Regen.

35.

Nicht an seinen Sünden und großen Torheiten:
an seiner Vollkommenheit litt ich, als ich
am meisten am Menschen litt.

36.

„Der Mensch ist böse",
so sprachen noch alle Weisesten –
mir zum Troste.

37.

Und nur wenn ich mir selbst zur Last bin,
fällt *ihr* mir schwer!

38.

Zu bald schon
lache ich wieder:
ein Feind hat
wenig bei mir gutzumachen.

39.

Leutselig (bin ich) gegen Mensch und Zufall,
leutselig mit jedermann, auch mit Gräsern noch:
ein Sonnenfleck an winterlichen Hängen . . . . .
feucht vor Zärtlichkeit,
ein Tauwind verschneiten Seelen:

. . . .
Hochmütig gegen kleine
Vorteile: wo ich der Krämer

>   lange Finger sehe,
>   da gelüstet's mich sofort,
>   den kürzern zu ziehn –
>   so will's mein spröder Geschmack von mir.

40.

Ein fremder Atem haucht und faucht mich an:
bin ich ein Spiegel, der drob trübe wird?

41.

>   Kleine Leute,
>   zutraulich, offenherzig,
>   aber niedere Türen:
>   nur Niedriges tritt durch sie ein.

. . . .

Wie komme ich durch das Stadttor? –
Ich verlernte es, unter Zwergen zu leben!

42.

>   Meine Weisheit tat der Sonne gleich:
>   ich wollte ihnen Licht sein,
>   aber ich habe sie geblendet;
>   die Sonne meiner Weisheit stach
>   diesen Fledermäusen
>   die Augen aus ...

43.

„Schwärzres und Schlimmres schautest du als irgendein Seher:
durch die Wollust der Hölle ist noch kein Weiser gegangen."

44.

Zurück! Ihr folgt mir zu nah auf dem Fuße!
Zurück, daß meine Wahrheit euch nicht den Kopf zertrete!

45.

„Zur Hölle geht, wer deine Wege geht!" –
Wohlan! Zu meiner Hölle
will ich den Weg mir mit guten Sprüchen pflastern.

46.

Euer Gott, sagt ihr mir,
ist ein Gott der Liebe?
Der Gewissensbiß
ist ein Gottesbiß,
ein Biß aus Liebe?

47.

Der Affe seines Gottes –
willst du nur der Affe deines Gottes sein?

48.

Sie kauen Kiesel,
sie liegen auf dem Bauche
vor kleinen runden Sachen;
sie beten alles an, was nicht umfällt, –
diese letzten Gottesdiener,
(die Wirklichkeits-)Gläubigen!

49.

Ohne Weiber, schlecht genährt
und ihren Nabel beschauend,
– des Schmutzes Bilder,
Übelriechende!
Also erfanden sie sich die Wollust Gottes.

50.

Sie haben ihren Gott aus Nichts geschaffen:
was Wunder: nun ward er ihnen zunichte.

51.

Ihr höheren Menschen, es gab schon
denkendere Zeiten, zerdachtere Zeiten,
als unser Heut und Gestern ist.

52.

Diese Zeit ist wie ein krankes Weib –
laßt sie nur schreien, rasen, schimpfen
und Tisch und Teller zerbrechen! ...

53.

Ihr Verzweifelnden! Wie viel Mut
macht ihr denen, die euch zuschauen!

54.

Steigt ihr?
Ist es wahr, daß ihr steigt,
ihr höheren Menschen?
Werdet ihr nicht, verzeiht,
dem Balle gleich
in die Höhe *gedrückt*
– durch euer Niedrigstes? ...
flieht ihr nicht vor euch, ihr Steigenden? ...

55.

Ach, daß du glaubtest
verachten zu müssen,
wo nur du verzichtetest!

56.

Und alle *Männer* sagen diesen Kehrreim:
Nein! Nein! Dreimal Nein!
Was Himmel-Bimmel-bam-bam!
Wir *wollen* nicht ins Himmelreich –
das Erdenreich soll unser sein!

57.

Der Wille erlöst.
Wer nichts zu tun hat,
dem macht ein Nichts zu schaffen.

58.

Du hältst es nicht mehr aus,
dein herrisches Schicksal?
Liebe es, es bleibt dir keine Wahl!

59.

Das allein erlöst von allem Leiden –
(– wähle nun!):
den schnellen Tod
oder die lange Liebe.

60.

Seines Todes ist man gewiß:
warum wollte man nicht heiter sein?

61.

Den schlimmsten Einwand
ich verbarg ihn euch – das Leben wird langweilig:
werft es weg, damit es euch wieder schmackhaft wird!

62.

Einsame Tage,
ihr wollt auf tapferen Füßen gehen!

63.

Die Einsamkeit
pflanzt nicht: sie reift ...
Und dazu noch mußt du die Sonne
                    zur Freundin haben.

64.

Du mußt wieder ins Gedränge:
im Gedränge wird man glatt und hart.
Die Einsamkeit mürbt,
die Einsamkeit verdirbt...

65.

Wenn den Einsamen
die große Furcht anfällt,
wenn er läuft und läuft
und weiß selber nicht wohin?
wenn Stürme hinter ihm brüllen,
wenn der Blitz gegen ihn zeugt,
wenn seine Höhle mit Gespenstern
ihn fürchten macht...

66.

Wetterwolken – was liegt an euch?
für uns, die freien, luftigen, lustigen Geister!

67.

Wirf dein Schweres in die Tiefe!
Mensch, vergiß! Mensch, vergiß!
Göttlich ist des Vergessens Kunst!
Willst du fliegen,
willst du in Höhen heimisch sein:
wirf dein Schwerstes in das Meer!
Hier ist das Meer, wirf *dich* ins Meer!
Göttlich ist des Vergessens Kunst!

68.

Bist du so neugierig?
Kannst du um die Ecke sehn?
Man muß, um *das* zu sehn,
Augen auch hinter dem Kopfe haben!

69.

Sieh hinaus! sieh nicht zurück!
Man geht zugrunde,
wenn man immer zu den Gründen geht.

70.

Den Verwegnen
hüte dich zu warnen!
Um der Warnung willen
läuft er in jeden Abgrund noch.

71.

Was warf er sich aus seiner Höhe?
was verführte ihn?
Das Mitleiden mit allem Niedrigen verführte ihn:
nun liegt er da, zerbrochen, unnütz, kalt —

72.

Wohin er ging? wer weiß es?
Aber gewiß ist, daß er unterging.
Ein Stern erlosch im öden Raum:
öde ward der Raum ...

73.

Was man nicht hat,
aber nötig hat,
das soll man sich nehmen;
so nahm ich mir das gute Gewissen.

74.

Wer wäre das, der Recht dir geben könnte?
So *nimm* dir Recht!

75.

Ihr Wellen!
ihr Wunderlichen! ihr zürnt gegen mich?
ihr rauscht zornig auf?
Mit meinem Ruder schlage ich
eurer Torheit auf den Kopf.
Diesen Nachen –
ihr selber tragt ihn noch zur Unsterblichkeit!

76.

Was um euch wohnt,
das wohnt sich bald euch ein:
Gewöhnung wird daraus.
Wo lang du sitzest,
da wachsen Sitten.

77.

Als keine neue Stimme mehr redete,
machtet ihr aus alten Worten
ein Gesetz:
wo Leben *erstarrt*, türmt sich das Gesetz.

78.

Dergleichen mag nicht widerlegbar sein:
wäre es schon deshalb wahr?
Oh, ihr Unschuldigen!

79.

Bist du stark?
stark als Esel? stark als Gott?
Bist du stolz?
stolz genug, daß du deiner Eitelkeit
dich nicht zu schämen weißt?

80.

Hüte dich,
sei nicht der Paukenschläger
deines Schicksals!
Geh aus dem Weg
allen Bumbums des Ruhms!
. . . .
nicht zu früh erkannt:
einer, der seinen Ruf *aufgespart* hat.

81.

Willst du in Dornen greifen?
Schwer büßen's deine Finger.
Greife nach einem Dolch!

82.

Bist du zerbrechlich?
So hüte dich vor *Kindshänden*!
Das Kind kann nicht leben,
wenn es nichts zerbricht ...

83.

Schone, was solch zarte Haut hat!
Was willst du den Flaum
von solchen Dingen schaben?

84.

Deine großen Gedanken,
die aus dem Herzen kommen,
und alle deine kleinen
– sie kommen aus dem Kopfe –
sind sie nicht alle *schlecht* gedacht?

85.

Sei eine Platte von Gold –
so werden sich die Dinge auf dir
in goldener Schrift einzeichnen.

86.

Rechtschaffen steht er da,
mit mehr Sinn für das Rechte
in seiner linksten Zehe,
als mir im ganzen Kopfe sitzt:
ein Tugend-Untier,
weißbemäntelt.

87.

Schon ahmt er sich selber nach,
schon ward er müde,
schon sucht er die Wege, die er ging –
und jüngst noch liebte er alles *Unbegangne*!
. . . .
heimlich verbrannt,
nicht für seinen Glauben,
vielmehr daß er zu keinem Glauben
den Mut mehr fand.

88.

Wie sicher ist dem Unsteten auch
ein Gefängnis!
Wie ruhig schlafen die Seelen
eingefangner Verbrecher!
Am Gewissen leiden nur
Gewissenhafte!

89.

Zu lange saß er im Käfig,
dieser Entlaufne!

Zu lange fürchtete er einen
Stockmeister!
Furchtsam geht er nun seines Wegs:
Alles macht ihn stolpern,
der Schatten eines Stocks schon macht ihn stolpern.

90.

Ihr Rauchkammern und verdumpften Stuben,
ihr Käfige und engen Herzen,
wie wolltet ihr freien Geistes sein!

91.

Was hilft's! Sein Herz
ist eng und all sein Geist
ist in diesen engen Käfig
eingefangen, eingeklemmt.

92.

Enge Seelen,
Krämerseelen!
Wenn das Geld in den Kasten springt,
springt die Seele immer mit hinein!

93.

Die Sträflinge des Reichtums,
deren Gedanken kalt wie Ketten klirren,
— sie erfanden sich die heiligste Langeweile
und die Begierde nach Mond- und Werkeltagen.

94.

Bei bedecktem Himmel,
wenn man Pfeile und tötende Gedanken
nach seinen Feinden schießt,
da verleumdeten sie den Glücklichen.

. . . .

Mein Glück macht ihnen Wehe:
diesen Neidbolden ward mein Glück zum Schatten;
sie frösteln bei sich: blicken grün dazu –

95.

Sie lieben ach! und werden nicht geliebt,
sie zerfleischen sich selber,
weil niemand sie umarmen will.
. . . .
Sie verlernten Fleisch essen,
mit Weiblein spielen,
– sie härmten sich über die Maßen.

96.

Seid ihr Weiber,
daß ihr an dem, was ihr liebt,
leiden wollt?

97.

Milch fließt
in ihrer Seele; aber wehe!
ihr Geist ist molkicht.

98.

Ihre Kälte
macht meine Erinnrung erstarren?
Habe ich je dies Herz
an mir glühn und klopfen gefühlt?

99.

Sie sind kalt, diese Gelehrten!
Daß ein Blitz in ihre Speise schlüge
und ihre Mäuler lernten Feuer fressen?

100.

Ihr Sinn ist ein Widersinn,
ihr Witz ist ein Doch- und Aber-Witz.

101.

Eure falsche Liebe
zum Vergangnen,
eine Totengräberliebe –
sie ist ein Raub am Leben:
ihr stehlt sie der Zukunft ab.

. . . .

Ein Gelehrter *alter* Dinge:
ein Totengräber-Handwerk,
ein Leben zwischen Särgen und Sägespänen!

102.

O diese Dichter!
Hengste sind unter ihnen,
die auf eine keusche Weise wiehern.

103.

Der Dichter, der lügen kann
wissentlich, willentlich,
der kann allein Wahrheit reden.

104.

Unsre Jagd nach der Wahrheit –
ist sie eine Jagd nach Glück?

105.

Die Wahrheit –
ein Weib, nichts Besseres:
arglistig in ihrer Scham:
was sie am liebsten möchte,
sie will's nicht wissen,

sie hält die Finger vor ...
Wem gibt sie nach? Der Gewalt allein! –
So braucht Gewalt,
seid hart, ihr Weisesten!
Ihr müßt sie zwingen,
die verschämte Wahrheit ...
Zu ihrer Seligkeit
braucht's des Zwanges –
– sie ist ein Weib, nichts Besseres.

106.

Wir dachten übel voneinander? ...
Wir waren uns zu fern.
Aber nun, in dieser kleinsten Hütte,
angepflockt an *ein* Schicksal,
wie sollten wir uns noch feind sein?
Man muß sich schon lieben,
wenn man sich nicht entlaufen kann.

107.

„Liebe den Feind,
laß dich rauben von dem Räuber":
das Weib hört's und – tut's.

108.

Wem ziemt die Schönheit?
Dem Manne nicht:
den Mann *versteckt* die Schönheit, –
aber wenig taugt ein versteckter Mann.
Tritt frei herfür –

109.

Der schönste Leib – ein Schleier nur,
In den sich schamhaft – Schönres hüllt.

110.

Ein vornehmes Auge
mit Samtvorhängen:
selten hell, –
es ehrt den, dem es sich offen zeigt.

111.

Langsame Augen,
welche selten lieben:
aber wenn sie lieben, blitzt es herauf
wie aus Goldschächten,
wo ein Drache am Hort der Liebe wacht ...

112.

(Der Widerspenstige –)
schlecht mit sich selber
verheiratet, unfreundlich,
sein eigener Hausdrache.

113.

Schon wird er unwirsch
zackicht reckt
er die Ellenbogen;
seine Stimme versauert sich,
sein Auge blickt Grünspan.

114.

Der Himmel steht in Flammen,
das Meer fletscht die Zähne
gegen dich – das Meer
speit nach uns!

115.

So spricht jeder Feldherr:
„Gib weder dem Sieger

noch dem Besiegten Ruhe!"
. . . .
ein Reisender in Waffen,
ungeduldig,
daß jemand ihn aufhalten könnte.

116.

„Auch der Rauch ist zu etwas nütz",
so spricht der Beduine, ich spreche es mit:
du Rauch, kündest du nicht
dem, der unterwegs ist,
die Nähe eines gastfreundlichen Herds?
. . . .
ein müder Wanderer –
den mit hartem Gebell
ein Hund empfängt.

117.

Das sind Krebse, mit denen habe ich kein Mitgefühl:
greifst du sie, so kneipen sie;
läßt du sie, geht's rückwärts.

118.

Ein glitzernder tanzender Bach, den
ein krummes Bett
von Felsen einfing:
was macht ihn wieder frei?
Zwischen schwarzen Steinen
glänzt und zuckt seine Ungeduld.

119.

Krumm gehn große Menschen und Ströme,
krumm, aber zu *ihrem* Ziele:
das ist ihr bester Mut,
sie fürchten sich vor krummen Wegen nicht.

120.

Jenseits des Nordens, des Eises, des Heute,
jenseits des Todes,
abseits:
unser Leben, *unser* Glück!
Weder zu Lande,
noch zu Wasser
kannst du den Weg
zu den Hyperboreern finden:
von *uns* wahrsagte so ein weiser Mund.

121.

Willst du sie fangen?
Rede ihnen zu
als verirrten Schafen:
„Euren Weg, o euren Weg,
ihr habt ihn verloren!"
Sie folgen jedem nach,
der so ihnen schmeichelt.
„Wie? hatten wir einen Weg?" –
reden sie zu sich heimlich:
„es scheint wirklich, wir haben einen Weg!"

122.

Nacht ist's: wieder über den Dächern
wandelt des Mondes feistes Antlitz.
Er, der eifersüchtigste aller Kater,
allen Liebenden blickt er eifersüchtig,
dieser blasse, fette „Mann im Monde".
Lüstern schleicht er um alle dunklen Ecken,
lehnt breit sich in halbverschlossene Fenster,
einem lüsternen, fetten Mönche gleich
geht frech er nachts auf verbotnen Wegen.

Der Einsamste

Nun, da der Tag
des Tages müde ward, und aller Sehnsucht Bäche
von neuem Trost plätschern,
auch alle Himmel, aufgehängt in Gold-Spinnetzen,
zu jedem Müden sprechen: „ruhe nun!" –
was ruhst du nicht, du dunkles Herz,
was stachelt dich zu fußwunder Flucht ...
wes harrest du?

Fleiß und Genie

Dem Fleißigen neid ich seinen Fleiß:
goldhell und gleich fließt ihm der Tag herauf,
goldhell und gleich zurück,
hinab ins dunkle Meer, –
und um sein Lager blüht
Vergessen, gliederlösendes.

Das Honig-Opfer

Bringt Honig mir, eis-frischen Waben-Honig!
Mit Honig opfr' ich allem, was da schenkt,
was gönnt, was gütig ist –: erhebt die Herzen!

Das eherne Schweigen

Fünf Ohren – und kein Ton darin!
Die Welt ward stumm...

Ich horchte mit dem Ohr meiner *Neugierde*:
fünfmal warf ich die Angel über mich,
fünfmal zog ich keinen Fisch herauf. –
Ich fragte, – keine Antwort lief mir ins Netz...

Ich horchte mit dem Ohr meiner *Liebe* –

NACHWORT

Trotz der inzwischen eingetretenen Distanz, die uns selbst das späte 19. Jahrhundert als „historisch" empfinden läßt, werden die Werke Nietzsches nur in den seltensten Fällen sine ira et studio betrachtet. Schuld daran ist ein überschwenglicher Nietzsche-Kult, der sich durch fünf Dekaden zieht, vom ersten Bekanntwerden seiner Werke um 1895 bis zum Ende des „Dritten Reiches", meist getragen von ressentimentgeladenen, selbstgewählten Eliten, bei denen eine kleinbürgerliche Parvenümoral zum Durchbruch kommt, die in dem verzweifelten Willen gipfelt: auch an der Spitze zu stehen, auch mitzubestimmen, auch „Herrenmensch" zu sein. Vor allem die Älteren unter uns haben immer noch die Werbetrommeln der Alldeutschen, die aggressiven Parolen der Nationalsozialisten, die Dithyramben sektiererischer Gottsucher oder die Kraftsprüche jener Übermänner im Ohr, die von Nietzsche bloß das Motto von der Peitsche kannten. Durch diese vielen Mißtöne ist ein solches Klanggewirr entstanden, daß man bis in die vierziger Jahre die Stimme Nietzsches dahinter kaum noch vernahm. Wieder einmal schien es sich um einen Propheten zu handeln, der von denen erschlagen wurde, die seine Lehren und Maximen in ihrem Sinne auszulegen versuchten.

Doch war dieser Vorgang wirklich nur ein Triumph der Nietzscheaner über Nietzsche, eine Trübung der „reinen Lehre" in den Brackwässern des Nationalismus oder seicht Cliquenhaften? Hatten jene Orden, Bünde oder Kreise, die sich in selbstherrlicher Pose mit dem großen Einzelnen identifizierten, so völlig unrecht, wenn sie sich auf seinen *Zarathustra* beriefen? War Nietzsche über diese Ideen wirklich so erhaben? Wenn man sieht, wie er in Sils-Maria grollend abseits steht, ein Verächter alles Nationalen, der Bismarck „Deutschlands Schneider" nennt, Treitschke einer servilen Kriecherei bezichtigt, das gründerzeitliche Bayreuth als eine typische Flachlandidee diffamiert – dann glaubt man an einen lauteren Geistidealisten inmitten einer Welt hochtrabender Nationalisten, wagemutiger Spekulanten und siegesbewußter Militärs, deren höchstes Ideal das neugegründete Reich von 1871 war. So gesehen, scheint er wirklich ein Abseitiger, ein großer Einzelner zu sein. Ist jedoch sein ideologisches Mehrwollen nicht auch ein Ausdruck dieser Zeit, die im Gefühl des Triumphes nur allzu leicht einem weltanschaulichen Größenwahn verfiel? Man könnte sich daher durchaus fragen, ob es sich auch bei Nietzsches poetisch überhöhten Deklamationen von Größe und Macht nur um eine unbewußte Identifizierung mit jenen Ideen handelt, die uns auf trivialer Ebene – bei Wildenbruch, Lagarde oder Dahn – so abstoßend erscheinen. Überspitzt formuliert: liegt auch dem *Zarathustra* ein gründerzeitliches Machtverlangen zugrunde, hinter dem ein gesellschaftlich Vereinzelter steht, der sich mit übermenschlicher Pose zu den „Höhen der Menschheit" emporzurecken versucht?

Rekapitulieren wir zuerst seine Jugend: am 15. Oktober 1844 in Röcken bei Lützen als Sohn eines Pfarrers geboren. Ein kränkliches Kind, das Schule und Elternhaus schnell entwächst, sich schwärmerisch dem literarischmusikalischen Freundschaftsbunde „Germania" widmet, dichtet und komponiert, schon mit vierzehn Jahren eine Selbstbiographie verfaßt – kurz gesagt: ein altkluger, gefährdeter, höchst ungewöhnlicher Jüngling, der vieles oder nichts verspricht. Dasselbe gilt für seine Studentenzeit, als sich bereits das Genie Nietzsche zu regen beginnt. Wie auf der Schule fliegt ihm scheinbar alles zu. Der Doktor wird ihm ehrenhalber verliehen. Mit 25 Jahren erhält er den Lehrstuhl für griechische Sprache und Literatur an der Universität Basel und wird damit als jüngster deutscher Professor Amtskollege von Jakob Burckhardt.

Deutet das alles auf einen Parvenü, jedenfalls was die Gründerzeit darunter verstand? Ja und nein. Es läßt sich nicht leugnen, daß hinter dieser Entwicklung ein ungewöhnlicher Karriereehrgeiz steht. Doch ein Parvenü hätte jetzt erst einmal aufgeatmet, sich mit dem Errungenen zufriedengegeben und sich in den Strahlen seines frühen Ruhms gesonnt. Für einen solchen Typ wären die nächsten Ziele Dekan, Geheimrat oder Rektor gewesen. Nichts von alledem bei Nietzsche. Seine Ambitionen lagen von vornherein auf einer wesentlich höheren Ebene. Was er im Auge hatte, war nicht der Gelehrtenberuf, sondern eine philosophische Wirksamkeit im antiken Sinne. Daher erschien ihm alles, was er wenige Jahre zuvor an philologischen Arbeiten geleistet hatte, bald nebensächlich oder von rein propädeutischer Natur. Anstatt sich seinen Leipziger Lehrer Ritschl zum Vorbild zu nehmen, warf er seinen Blick mehr und mehr auf jene Größen, deren geistiger Widerhall nicht auf die Gelehrtenstuben oder Hörsäle beschränkt blieb. Aus diesem Grunde widmete er sein erstes Buch *Die Geburt der Tragödie* (1872) weder dem Andenken seines Vaters noch einem karrierebehilflichen Kollegen, sondern dem einzigen modernen Genie in seinen Augen – Wagner. Er wußte, daß er sich mit dieser Schrift als Philologe unmöglich machte, aber was war ihm Philologie auf dem Weg zu wahrer „Größe". So etwas überließ er Ulrich von Wilamowitz-Möllendorf, der sich an diesem Buch seine kritischen Sporen verdiente, indem er es unbarmherzig verriß.

Schon in diesem Werk zeigt sich, wie Nietzsche alles Bisherige hinter sich läßt – vor allem das Gesellschaftliche und Berufsmäßige – und wieder zu seinem Jugendtraum zurückzukehren versucht, nämlich Künstler und nicht Gelehrter zu werden. Immer häufiger fällt von nun ab in seinen Schriften das Wort „Wir Künstler", immer mehr Seiten werden der Musik, der Tragödie, der dichterischen Prophetie gewidmet. Trotz aller Anerkennung des Militärischen, trotz seiner Napoleon-Verehrung und seinem Stolz auf seine eigene „Heldenzeit", ist es doch das Künstlerische, worin er den eigentlichen Fortschritt der Menschheit sieht. Nicht Bismarck, der Gründer des Neuen Reiches, sondern der Schöpfer des *Tristan* setzt für ihn den Maßstab des „hohen Menschen", selbst dann noch, als er an ihm verzweifelt und sich an seinen bisherigen Idealen wundzureiben beginnt. Gerade das, was Wagner nicht geleistet hat, sich aus den „Niederungen" des christlichen Mitleids zu einem Dasein von tragischer Härte aufzuschwingen, empfindet er plötzlich als seine eigene Aufgabe. Während sich Wagner mit dem gottergebenen *Parsifal* bescheidet, verschreibt er sich Gestalten wie Zarathustra und dem ewig wiederkehrenden Dionysos, die ihren Maßstab in sich selber tragen. Der endgültige Bruch erfolgt 1878. Was folgt, sind zehn hektische Jahre voller philosophischer Weitsichten und dichterischer Aufschwünge, geladen mit dem Ehrgeiz, alles zu übertrumpfen, was die abendländische Tradition dem modernen Menschen an Lebenswerten anzubieten hat. Als sich dieser Traum in Wahnsinn aufzulösen beginnt, findet man als druckreife Hinterlassenschaft auf seinem Schreibtisch den *Ecce Homo* und die *Dionysos-Dithyramben*, in denen sich seine maßlose Ichbezogenheit und sein dichterischer Anspruch zu letzter Gestalt verklären.

Eine solche Perspektive ist selbstverständlich ebenso einseitig wie alle religiösen, existentiellen, politischen oder psychoanalytischen Interpretationen Nietzsches – aber in einem Nachwort zu seinen Gedichten vielleicht die angemessenste. Ihn hier rein als Künstler zu deuten soll in keiner Weise eine Entideologisierung sein, die den gefährlichen oder zumindest problematischen Aspekten seines Werkes aus dem Wege zu gehen versucht. Doch diese sind bereits so scharf herausgearbeitet worden, daß man bei einer erneuten Beschäftigung damit notwendig ins Repetieren verfiele. Beschränken wir uns deshalb auf das Stilistische, getreu dem gern zitierten Motto von Buffon „Le style est l'homme même", das bei einem so brillanten Formulierer bestimmt den innersten Kern seines Wesens trifft. Unter einem solchen Gesichtspunkt könnte man ihn als Prosakünstler, als Meister des Aphorismus und der eleganten Phrasierung, direkt neben Heine stellen, eine seltsame und doch gar nicht so paradoxe Kombination, wenn man bedenkt, daß er wie dieser Voltaire und Lichtenberg zu seinen Vorbildern zählt. Diesen Rang haben selbst seine Feinde nicht anzuzweifeln gewagt. Daß er nebenher auch Verse schrieb, mag man als etwas Zusätzliches empfinden, als ein Bildungsprodukt des 19. Jahrhunderts, als das Reimen und Verseschmieden noch zu den Selbstverständlichkeiten der höheren Gesellschaftskultur gehörte. Doch schon die kindlich tastenden Versuche des vierzehn- oder sechzehnjährigen Nietzsche verraten eine wesentlich steilere Ambition. Anstatt sich an irgendwelche zeitgenössischen Modedichter anzulehnen, nimmt er sich den jungen Goethe, Hölderlin, Eichendorff und Heine zum Vorbild, die er nicht ungewandt zu variieren versteht. Aus der Fülle dieser Gedichte mußte natürlich eine strenge Auswahl getroffen werden, um den Hauptakzent nicht auf seine Jugendjahre zu legen, wo sich der künstlerische Gestaltungsdrang noch fremder Masken und erborgter Gefühle bedient. Als Nietzsche wenige Jahre später die Universität bezieht, werden diese sentimentalen Ergießungen weitgehend im Kühlbad der Philologie ertränkt. Doch völlig geht sein Bemühen um den dichterischen Ausdruck nie verloren, nur daß es mit den Jahren alles Schmachtende, jünglingshaft Enthusiastische und Angelernte abstreift. Es wird leichter, transparenter, „südlicher" und eignet sich dabei eine Treffsicherheit an, wie sie sonst bloß das philosophische Epigramm besitzt. Selbstverständlich entstehen auch in diesen Jahren noch spezifisch „lyrische" Gedichte, voller Natursentimentalität und Selbstbemitleidung, wie sie das ganze 19. Jahrhundert liebt, aber besser, gekonnter, literarisch gewichtiger ist das Spruchhafte.

Vor allem seit der *Fröhlichen Wissenschaft* (1882), die gar keine Wissenschaft mehr ist, sondern alle gelehrten Floskeln zu umgehen versucht, wird sein Ton merklich geschmeidiger, wird zur Waffe, zum Florett. Den Anreiz dazu bot die leidenschaftlich erregte Kulturkampfstimmung dieser Jahre, deren Aggressivität sich oft ins Pamphletische steigert. Gerade in diesem Punkt ist er durchaus ein Kind seiner Zeit, die in allen Bereichen des geistigen Lebens zum scharf geschliffenen Aphorismus neigt. Man denke an die Redeschlachten im Reichstag der siebziger Jahre, an Bismarcks „Nach Canossa gehen wir nicht!", die Invektiven eines Mommsen oder Treitschke, das Geschimpfe eines Eugen Dühring, ja selbst die Stichelverse eines Wilhelm Busch, die man damals noch als einen offenen Hohn auf alles Familiäre und Heilige empfand. Ohne diese Voraussetzung, diesen „fröhlichen Geisteskrieg", wie manche den Kulturkampf nannten, wäre es nie zum *Antichrist* gekommen, nur eben daß Nietzsche auch hier bis zum Letzten geht und Verse schreibt, die wie Geißelhiebe wirken. Daß er sich dabei oft zu Gewagtheiten hinreißen ließ, die er inhaltlich gar nicht teilte, hängt mit seiner ganzen Situation zusammen. Schließlich galt er als ein Außenseiter, der auf niemanden Rücksicht zu nehmen brauchte, was ihm manchmal das Gefühl einer absoluten Narrenfreiheit gab. Und obendrein war er viel zu sehr Künstler, ja Artist, um auf eine schlagende Pointe verzichten zu können. Wenn man bei diesen spruchhaften Gebilden jeden Ausdruck wörtlich nehmen würde, hätte man Nietzsche nur halb verstanden. Jesus, Bismarck, Wagner, die Weiblein: alles ist ihm bloß ein Vorwand, seine eigene Größe und Überlegenheit zu demonstrieren. Nur solche, die „herunterblicken" können, zählen für ihn zu den wahren Genies. Selbstverständlich ist damit keine alleszermalmende Respektlosigkeit gemeint, sondern eher ein Gradmesser der eigenen Seele. Doch es gibt auch Stellen, wo er das Elegante, Blendende um jeden Preis erzwingen will und dem Rhythmus eines Verses sogar seine tiefsten Überzeugungen opfert. Was sind jedoch seine „tiefsten Überzeugungen"? Eine fest umrissene Ethik oder die Vorstellung vom ewigen Wandel, in dem nichts Bestehendes wiederkehrt? Wenn sich überhaupt etwas Festes aus seinen Schriften herauskristallisieren läßt, dann die Überzeugung, daß es nichts Festes gibt. Daher ist alles, was er sagt, nur Augenblickserkenntnis, Aphorismus, Spruch oder „punktuelles Zünden", wie Friedrich Theodor Vischer das Wesen des Lyrischen einmal definierte. Nur so läßt sich das zutiefst Ästhetische seines Werkes erklären, jener „Olymp des Scheins", den er in seinen letzten Schriften zu evozieren versucht, um sich nicht der banalen Konkretisierung seiner Vorstellungswelten auszusetzen. Man könnte daher sein ganzes Spätwerk als eine einzige große Dichtung interpretieren, die sich immer stärker von einer bloß denkerischen und damit systematisierenden Welterfahrung distanziert.

Dieser letzte Wandel beginnt mit dem *Zarathustra* (1883–85), fast mehr ein Buch der Bilder als der Gedanken. Selbst die subtilsten Reflexionen werden hier ins Situationshafte übertragen, mit bedeutungssteigernden Landschaftskulissen umstellt und in einem Sprachton vorgetragen, der trotz aller Bibeldeklamation, aller prophetischen Pose ins Aphoristische und geistig Agile tendiert.

Im Gegensatz zur sakralen Haltung um 1900, zum kultischen Ton eines George oder zum feiernden Preisen eines Rilke, die sich weder eine formale Läßlichkeit noch eine humoristische Abschweifung erlauben, behält die Sprache Nietzsches selbst in diesem Werk etwas Leichtes und Narrenhaftes, das an den Spötterton der *Fröhlichen Wissenschaft,* vor allem an das Vorspiel in deutschen Reimen *Scherz, List und Rache* erinnert. An sich hätte man bei einer Gestalt wie Zarathustra eher eine neue Bibel mit strengen Gesetzen und scharf herausgemeißelten Tafeln erwartet, der man anmerkt, daß sie für die Ewigkeit berechnet ist. Doch trotz aller großen Gefühlsaufschwünge, aller spruchhaften Verknappung und künderischen Pose findet man immer wieder eine Witzelei auf höchster Ebene, eine Lust an der brillanten Formulierung, durch die man eher den Eindruck eines Seiltänzers oder Gauklers als eines mythenschaffenden Propheten bekommt. Obwohl er das Ganze als Gründung, als Stiftung konzipiert, läßt er ständig durchblicken, daß auch hier der Trug, der Schein, der ewige Wandel im Vordergrund stehen. Bei einer so offenen Haltung ist es kein Zufall, daß er mitten aus der Prosa plötzlich ins Versartige übergeht, und zwar ganz der jeweiligen Eingebung folgend. Sublimster Gefühlsausdruck wie in den Zeilen „O Mensch! Gib acht!" steht daher neben possenhafter Travestie, bei der er „Jude" auf „Hurenbude" reimt, was wiederum nicht einer weltanschaulichen Überzeugung, sondern der Lust an der Formulierung entspringt. Schon aus diesem Grunde kann man den *Zarathustra* nicht als Lehrbuch einer neuen Gemeinschaft interpretieren. Immer wieder ist es das Ich und seine Einzelweisheit, die als das Entscheidende hingestellt wird. Sein schärfster Spott wendet sich daher gegen den Hang zum Pseudototalen, den Wahrheitsfanatismus der Tugendsamen oder die philosophische Borniertheit der strengen Systematiker. Was er fordert, ist die Kunst, über sich selbst zu lachen, sich durch alles hindurchzudenken, selbst die sogenannten „höchsten Werte" anzuzweifeln, was sich manchmal in eine solche Clownerie überschlägt, daß seine Schwester das Eselsfest im vierten Teil des *Zarathustra* von der Drucklegung ausschließen wollte, weil ihr ein solcher Ton in dichterischer und moralischer Hinsicht unziemlich erschien.

Daher ist es nur konsequent, daß seine *Dionysos-Dithyramben*, sein letztes dichterisches Vermächtnis, mit dem alten Topos vom lügenden Dichter beginnen. Während ihn der *Zarathustra* – schon durch die Länge der Form – zu einer gewissen Ordnung seiner an sich unzusammenhängenden Gedankengänge verpflichtete, verdichtet sich seine bildschaffende Phantasie hier zu Geistesblitzen, die an lyrischer Faszination im späten 19. Jahrhundert kaum ihresgleichen haben. Was bisher in musikalisch Gedichthaftes und aphoristisch Spruchhaftes auseinanderklaffte, schließt sich plötzlich zu einer Synthese zusammen, die auf der paradoxen Unvereinbarkeit des Gegensätzlichen beruht. Fast jede Zeile dieser weit ausschwingenden Gedichte beruht auf einem Widerspruch, einer geistreichen Verblüffung, einer Lüge, einer Groteske, einer halb pathologischen Deformation oder einem artistischen Spiel mit der Wahrheit – und doch wiegt sich das Ganze in einer glitzernden Melodik, die alle inneren Ungereimtheiten vergessen macht. Wenn man den künstlerischen Rang dieser Gedichte bestimmen wollte, müßte man Goethes *West-östlichen Divan* heranziehen, den Nietzsche in seinen letzten Jahren weit über die Lyrik Eichendorffs und Heines stellte. Hier wie dort findet man ein Spiel mit Worten, einen Assoziationsreichtum und zugleich eine Ironie, durch die alles Gefühlsmäßige einen doppelten Boden bekommt. Doch während man bei Goethe noch einen Rest an Rokoko spürt, der dem Ganzen einen unvergleichlichen Charme verleiht, verliert sich

Nietzsches Spieltrieb in immer steilere Regionen, wo neben jedem Wort ein gefährlicher Abgrund gähnt. Daher erfüllt sich in diesen Versen wohl am reinsten, was er unter dem „Olymp des Scheins" versteht – jene Zone des Trügerischen, in der sich alles in Dichtung aufzulösen beginnt, sich ins Bild verwandelt und damit jene Peinlichkeit einbüßt, der man im Bereich der realen Wahrheitssuche ausgesetzt ist. Während man dort ständig unaufhebbaren Antinomien begegnet, in denen die hilflose Ambivalenz der menschlichen Erkenntnis zum Ausdruck kommt, glaubt Nietzsche in diesen späten Versen ein Reich des Zwecklos-Schönen, eine Welt jenseits aller Moral, jenseits von Gut und Böse, ja fast schon jenseits des Lebens gefunden zu haben, wo man sich durch den ästhetischen Schein über die denkerische Unvollkommenheit des Menschen hinwegtäuschen kann. Hier öffnet sich für ihn ein Reich, in dem nur die großen Einzelnen leben, die nicht den niederdrückenden und verdummenden Klischees des Alltags und dem unübersehbaren Schutt der historischen Tradition unterworfen sind. Er denkt dabei an jene, die im Zynismus, im Witz, in einer narrenhaften Weltverachtung die höchste Freiheit des Geistes erleben und so zu jenen „Höhen der Menschheit" vorstoßen, die nur dem Genie offenstehen. Daß er diesen Vorgang „dionysisch" nennt, bedeutet nichts anderes als eine Vergöttlichung der eigenen Personen, eine Erhebung ins Zeitlose, die auf dem Prinzip der ewigen Wiederkehr beruht. Inwieweit das eine dichterische Pose ist oder ob sich dahinter ein ins Maßlose gesteigertes Machtverlangen gründerzeitlicher Prägung verbirgt, läßt sich nur von Fall zu Fall entscheiden. Die Duplizität der Erscheinungen ist verblüffend, doch wird man sie wohl eher im Sinne einer untergründigen Parallelität als einer direkten Übertragung zu deuten haben.

Jost Hermand

BENUTZTE AUSGABEN

K = Nietzsches Werke, Alfred Kröner Verlag, Leipzig 1919, Bd. VIII.
B = Friedrich Nietzsche. Werke und Briefe, historisch-kritische Gesamtausgabe, hrsg. von H. J. Mette, C. H. Beck'sche Verlagsbuchhandlung, München 1933 ff., Bd. 1 u. 2.
H = Friedrich Nietzsche, Werke in drei Bänden, hrsg. von K. Schlechta, Carl Hanser Verlag, 2. Aufl., München 1960, Bd. 1-3.

Die Orthographie wurde in Anpassung an die Ausgabe des Hanser Verlages auch bei den Texten nach K und B durchgehend modernisiert. Dagegen wurden in der Interpunktion nur dort Änderungen vorgenommen, wo dies aus Gründen der Verständlichkeit wünschenswert erschien.

INHALT

Jugendgedichte (1858-1868)

Ein Spiegel ist das Leben (B I, 32)	3
Zum Geburtstag (B I, 51)	3
Auf nackter Felsenklippe steh ich (B I, 53)	4
O süßer Waldesfrieden (B I, 77)	4
Was lebet muß vergehen (B I, 132)	5
Das milde Abendläuten (B I, 139)	5
Heimkehr (B I, 140)	6
Ihr Vöglein in den Lüften (B I, 193)	7
Sage mir, teurer Freund (B I, 194)	7
Saaleck (B I, 227)	8
Ohne Heimat (B I, 228)	9
Entflohn die holden Träume (B II, 68)	10
Einsam durch den düsterblauen (B II, 77)	12
Laß mich dir erschließen (B II, 81)	13
Jetzt und ehedem (B II, 189)	13
Erinnerung (B II, 331)	16
Noch einmal eh ich weiterziehe (B II, 428)	17

Lyrisches aus den Jahren 1869 bis 1888

An die Melancholie (K VIII, 339) 18
Nach einem nächtlichen Gewitter (K VIII, 341) 19
Am Gletscher (K VIII, 344) 20
Der Herbst (K VIII, 346) 22
Vereinsamt (K VIII, 358) 24
Der Wanderer (K VIII, 343) 25
An die Freundschaft (K VIII, 353) 26
Campo santo di Staglieno (K VIII, 340) 26
Die kleine Brigg, genannt „das Engelchen" (K VIII, 341) 27
Mädchen-Lied (K VIII, 351) 28
„Pia, caritatevole, amorosissima" (K VIII, 352) 29
Aus hohen Bergen (H II, 757) 30
O Mensch! Gib acht! (H II, 558) 32
An Hafis (K VIII, 369) 33
Musik des Südens (K VIII, 371) 33
An der Brücke stand (H II, 1093) 34
Drei Bruchstücke (K VIII, 357) 34

Spruchhaftes aus den Jahren 1869 bis 1888

In Basel steh ich unverzagt (H III, 156) 36
Unter Freunden (H I, 732) 36
Pinie und Blitz (K VIII, 354) 37
Baum im Herbst (K VIII, 354) 38
Unter Feinden (K VIII, 355) 38
„Der Wanderer und sein Schatten" (K VIII, 366) 39
Zu „Menschliches Allzumenschliches" (K VIII, 334) . . 39
Wer viel einst zu verkünden hat (K VIII, 367) 40
In ein Exemplar der „Fröhlichen Wissenschaft" (B I, XCIX) 40
„Die fröhliche Wissenschaft" (K VIII, 366) 40
Vorsicht: Gift! (K VIII, 363) 41
Seine Gesellschaft zu finden wissen (K VIII, 363) . . 41
Aus der Tonne des Diogenes (K VIII, 363) 41
Lebensregeln (K VIII, 363) 42
Desperat (K VIII, 364) 42
Das Wort (K VIII, 365) 43
Der Einsiedler spricht (K VIII, 371) 43
Alle ewigen Quell-Bronnen (K VIII, 373) 44
Entschluß (K VIII, 373) 44
Der Halkyonier (K VIII, 374) 44
Sieben Weibs-Sprüchlein (H II, 700) 44
Das neue Testament (K VIII, 367) 45

Einstmals – ich glaub, im Jahr des Heiles Eins (H II, 486) . . .	45
Beim Anblick eines Schlafrocks (K VIII, 367)	46
An Spinoza (K VIII, 369)	46
An die Jünger Darwins (K VIII, 368)	46
Heil euch, brave Karrenschieber (H II, 693)	47
Arthur Schopenhauer (K VIII, 370)	47
An Richard Wagner (K VIII, 370)	47
Wagner als Apostel der Keuschheit (H II, 1051)	48

„Scherz, List und Rache"

Vorspiel in deutschen Reimen (1882) (H II, 17-32)

1. Einladung – 2. Mein Glück – 3. Unverzagt – 4. Zwiegespräch – 5. An die Tugendsamen – 6. Welt-Klugheit – 7. Vademecum – Vadetecum – 8. Bei der dritten Häutung – 9. Meine Rosen – 10. Der Verächter – 11. Das Sprichwort spricht – 12. An einen Lichtfreund – 13. Für Tänzer – 14. Der Brave – 15. Rost – 16. Aufwärts – 17. Spruch des Gewaltmenschen – 18. Schmale Seelen – 19. Der unfreiwillige Verführer – 20. Zur Erwägung – 21. Gegen die Hoffart – 22. Mann und Weib – 23. Interpretation – 24. Pessimisten-Arznei – 25. Bitte – 26. Meine Härte – 27. Der Wandrer – 28. Trost für Anfänger – 29. Sternen-Egoismus – 30. Der Nächste – 31. Der verkappte Heilige – 32. Der Unfreie – 33. Der Einsame – 34. Seneca et hoc genus omne – 35. Eis – 36. Jugendschriften – 37. Vorsicht – 38. Der Fromme spricht – 39. Im Sommer – 40. Ohne Neid – 41. Heraklitismus – 42. Grundsatz der Allzufeinen – 43. Zuspruch – 44. Der Gründliche – 45. Für immer – 46. Urteile der Müden – 47. Niedergang – 48. Gegen die Gesetze – 49. Der Weise spricht – 50. Den Kopf verloren – 51. Fromme Wünsche – 52. Mit dem Fuße schreiben – 53. „Menschliches, Allzumenschliches." Ein Buch – 54. Meinem Leser – 55. Der realistische Maler – 56. Dichter-Eitelkeit – 57. Wählerischer Geschmack – 58. Die krumme Nase – 59. Die Feder kritzelt – 60. Höhere Menschen – 61. Der Skeptiker spricht – 62. Ecce homo – 63. Sternen-Moral 49

Lieder des Prinzen Vogelfrei (1887)

(H II, 261-274)

An Goethe	65
Dichters Berufung	65
Im Süden	67
Die fromme Beppa	68

Der geheimnisvolle Nachen	69
Liebeserklärung	70
Lied eines theokritischen Ziegenhirten	71
„Diesen ungewissen Seelen"	72
Narr in Verzweiflung	72
Rimus remedium	73
„Mein Glück!"	74
Nach neuen Meeren	75
Sils-Maria	76
An den Mistral	76

Dionysos-Dithyramben (1888)

(H II, 1239-1267)

Nur Narr! Nur Dichter!	79
Die Wüste wächst: weh dem, der Wüsten birgt	82
Letzter Wille	87
Zwischen Raubvögeln	87
Das Feuerzeichen	91
Die Sonne sinkt	92
Klage der Ariadne	94
Ruhm und Ewigkeit	98
Von der Armut des Reichsten	101

Aus dem Umkreis der Dionysos-Dithyramben (1882-1888)

1-122 (K VIII, 379-403)	106
Der Einsamste (K VIII, 404)	129
Fleiß und Genie (K VIII, 404)	129
Das Honig-Opfer (K VIII, 405)	129
Das eherne Schweigen (K VIII, 405)	130

Nachwort	131
Benutzte Ausgaben	141